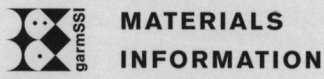

Prologue

나의 반성

내가 건축의 길로 들어선 것은 순전히 건축에 대한 오해 때문이었다.

형제 네 명의 재수, 그 대학입시 공부 8년을 앞서 봐 왔기에 나에게 공부란 고통이며 빨리 끝내고 싶은 대상이었다. 학력고사 결과, 나의 선택지는 H대 의대, Y대 치대 혹은 건축과였다. 의대는 전문의까지 10년이나 더 공부를 해야 한다는 말에 망설임 없이 건축과를 선택했다. '그림만 잘 그리면 된다'며 손재주 하나 믿고 택했던 것이다. 그렇게 짧은 공부를 위한 나의 큰 오판으로 건축과의 인연이 시작되었다.

졸업반이 되어서야 설계를 하기 위해선 건축사 자격시험에 합격해야 한다는 사실을 알게 됐다. '이것만 끝내면 이제 내 인생에 더 이상의 공부는 없다!' 오로지 이 생각만으로 미친듯이 달려 자격을 취득했다. 이론대로라면 이건 내 마지막 공부였어야 한다. 그러나 무수히 많은 시간이 흐른 지금, 여전히 언제쯤 이 기나긴 공부가 끝이 날까 고군분투하는 나를 발견한다.

'그때 의대를 갔으면 10년만 공부하면 됐는데…' 이 또한 어리석은 오해임을 알면서도, 종종 이런 생각을 할 만큼 배움의 끝이 보이지 않는다. 세월을 통해 서서히 형성된 '배우는 것은 결론이 아닌 과정'이라는 생각으로 건축과 엮인 수많은 분야를 아직도 공부하고 있다. 그중 건축과 떨어질 수 없는 동료이자 현재 가장 관심 있게 연구하고 있는 조경을 만나고자 한다.

성장을 위한 개발, 다수를 위한 소수의 희생, 양극화, 차별… 물질적 가치관과 그 지배구조는 지구를 정복의 대상으로 바라봤다. 그 결과 전례 없는 발전을 이룬 지금, 인간은 지구에 가장 해로운 존재가 되었다. 우리한테는 무엇보다 지금까지와 다르게 세상을 바라보는 가치관이 필요하다. 힘의 논리가 아닌 서로의 공존을 우선으로 두어야, 지구의 균형도 조금씩 제자리를 찾아갈 수 있을 것이다.

자연은 혜택이다. 인간 역시 그 혜택을 누릴 때 가장 행복하다. 조경학은 인간과 조형물 사이의 생태계를 조성하는 역할로, 식물이라는 생명을 다루는 학문이다. 40년을 건축과 같이한 만학도로서, 인간과 자연 사이의 공생이 얼마나 중요한지 깨닫게 되었다. 살아 움직이고, 성장하고, 피고 지며 끈질기게 지속되는 생명을 디자인하고 삶 속에 조화롭게 녹인다니. 얼마나 고귀하며 본질적인 일인가.

하지만 안타깝게도 조경은 꽤 오랜 기간 건축의 부산물로 치부되었다. 나 또한 법으로 강제된 조경 공간만 확보하기 급급했다. 대지의 흙조차 관리상의 이유로 콘크리트로 덮어버렸다. 건물 이외 다른 부분은 부수적으로 취급하며 최소한의 자연도 허용하지 않는 파괴자로 군림해 왔던 것이다.

물질이 그 어떤 가치관보다 앞서는 요즘, 조경은 가장 순수한 시각으로 자연을 대변할 수 있는 학문일 것이다. 이러한 분야를 단 몇 페이지로 다룬다는 건 불가능하지만 오랫동안 이 하찮은 손으로 식물을 다루고 죽여 온 나의 반성으로 펜을 든다.

경외하는 마음으로 생명의 이야기를 들어본다. 나의 무지로 설 자리를 잃었었던 식물들에게 용서를 구하며, 조경이라는 위대한 학문이 더 많은 이들과 가까워지길 바란다.

2023년 3월
발행인 윤재선

발행 배포_ 에잇애플㈜
First published and distributed by 8apple ltd.

GARM magazine

에잇애플 주식회사
06580 서울특별시 서초구 서래로6 B102
T: 02-537-1536
F: 02-537-1532
E-mail: info@8apple.kr
garmmagazine.com
garm_magazine
garmssi

감21 실내 조경
GARM ISSUE 21
LANDSCAPE II: Indoor

초판 1쇄 인쇄 2023년 3월 15일
초판 1쇄 발행 2023년 3월 20일

발행인_ 윤재선
기획·편집 총괄_ 박세미 | 리서치_ 공수연, 박세미, 최은화
취재·편집_ 공수연, 박세미, 윤솔희, 허보경 | 디자인_ 그래픽스튜디오베이스
사진_ 이수연 | 교정·교열_ 하명란

발행처_ 에잇애플(주)
출판등록 2017. 4. 14.(제2017-000078호)
ISBN 979-11-89485-21-4 | 979-11-89485-19-1(세트)

※
이 책은 저작권법에 따라 보호받는 저작물이므로 무단전재와 무단복제를
금지하며, 이 책 내용의 일부 또는 전부를 이용하려면 반드시 사전에
저작권자와 출판권자의 서면 동의를 받아야 합니다.

All rights reserved. No part of this publication may be reproduced,
stored in a retrieval system, or transmitted in any form or by any
means, electronic, mechanical, photocopying, recording, or
otherwise, without prior consent of the publisher.
Printed in Seoul, South Korea

cover
(front) Image courtesy of Livescape
(back) Image courtesy Livescape / ©Dotae Kim

GARM

감21
실내 조경

**GARM ISSUE 21
LANDSCAPE II:
Indoor**

garmSSI

©Jooyoung Kim

Editorial Letter

생활 안에서의 식물

최근 몇 년간 코로나19 확산과 함께 식물에 대한 관심도 폭발적으로 증가했다. 집에서 보내는 시간이 많아지면서 '반려식물'이라는 말이 나올만큼 식물을 키우고 돌보는 문화가 빠르게 자리잡았다. 하지만 생각해보면 우리의 생활공간 한켠을 식물이 점유한지는 꽤 오래되었다. 우리 어릴 적 베란다, 정확하게는 실내화된 발코니에 얼마나 많은 화분들이 놓여 있었는지를 쉽게 떠올릴 수 있다. 부모 세대로부터 식물이 주는 유익을 알게모르게 전승받았는지도 모른다.

실내 공간에서의 식물은 실외의 자연이 주는 경이와는 또 다른 경험을 선사한다. 화분에 삽으로 기능에 따른 흙을 차곡차곡 담아 식물을 심고, 물을 주고, 햇볕과 바람이 잘 드는 곳에 두고 조금씩 그 성장을 관찰하는 일. 그리고 어느새 식물의 변화를 통해 공간의 변화를 감지하는 일. 그러한 일련의 행위들 속에서 편안한 정서를 만들어나가고, 취향과 미감을 확보하는 경험.

나의 집과 작업실에도 갖가지 식물들이 자리하고 있다. 선반 위의 고려담쟁이, 책장 위의 유포르비아 티루칼리, 책상 옆 바닥의 몬스테라 델리시오사 바리에가타, 화장실의 아스파라거스 스프렌게리 등이다. 식물이 건강하게 지낼 수 있는, 그리고 내 눈에 보기 좋은 자리에 나름대로 배치한 결과다. 이렇게 식물을 매개로 계속 조정되는 풍경 속에서 눈에 보이지 않는 어떤 정신적인 것이 풍요로워지는 것을 느낀다. '식집사'까지는 아니더라도 식물과 교감하는 즐거움이 일상에 배어 있는 나로서는, 감 매거진에 합류하는 첫 호의 주제가 '실내 조경'이라 특히 기쁘고 즐거웠다.

그간 감 매거진이 건축과 관련된 하나의 재료 혹은 주제를 선정하여 심도 있는 리서치를 바탕으로 하나의 산업 생태를 낱낱이 밝혀온 것처럼, 이번 실내 조경에 대해서도 여러 층위의 이야기들을 조적해보고자 했다. 식물이 어떻게 실내로 들어오게 되었는지에 관한 원론적인 이야기부터, 실내 조경의 유형과 기능에 대한 분석, 눈여겨 볼만한 내용을 담고 있는 프로젝트와 스튜디오들, 그리고 산업 전반에 대한 이야기를 두루 담아보려고 했다. 식물에 관심 있는 사람들에게 어떤 식으로든 이번 호가 기여하는 바가 있기를 바란다.

-
기획·편집 총괄 박세미

1
ISSUE IN INDOOR LANDSCAPE

16 History
식물은 어떻게 실내로 들어왔을까?

20 Market
실내 식물의 현황과 미래

22 Types
실내 조경의 유형별 특성

26 Story
실내 조경의 기능과 효과

32 Interview
실내 조경의 역사를 품은:
사회정의를 위한 포드재단센터

38 Interview
실내로 들어온 공원: 더현대 서울

46 Interview
조경·기술·경험을 조직하는:
마음풀 프로젝트

ⓒ디자인알레

Contents

2
TECHNOLOGY OF INDOOR LANDSCAPE

64
Types
실내에서 키우기 좋은 대표 수종 29가지

72
Items
실내에서 식물을 키우기 위한 원예용품 유형

80
Items
실내에서 식물을 키우기 위한 도구와 제품들

86
System / Environment
벽면에 식물을 입히는 기술

90
Interview
사막 속 열대 오아시스를 구현한 기술들: 2020 두바이 엑스포 싱가포르관

98
Interview
상업 공간에서 식물이 살아가는 방식: 식물원K

GARM 21 — LANDSCAPE II: Indoor

3 INDUSTRY OF INDOOR LANDSCAPE

112 Interview
파종부터 판매까지, 노가든답게

120 Interview
티 나지 않는 조화 조경

126 Interview
더 특별한 식물, 이끼

Contents

130
Interview
공간을 바라보게 하는 식물에 대하여

136
Interview
자산으로서의 식물, 식테크

SUPPLEMENT

142 맛있는 그린의 시대, 홈파밍의 진화

1

ISSUE IN INDOOR LANDSCAPE

History

식물은 어떻게 실내로 들어왔을까?

인간은 왜 자연의 생물을 인공 환경으로 끌어들였을까? 공간의 높이, 너비와 같은 물리적 제약뿐만 아니라 조도, 바람과 같은 자연의 생리까지 이겨내면서 말이다. 식물이 실내로 들어온 과정을 추적해 보면 그 이유와 양상이 시대 배경에 따라 달라졌음을 알 수 있다. 고대부터 현재에 이르기까지, 실내 조경의 변천사를 살펴본다.

-
글 공수연

용어의 혼동

실내 조경, 실내 정원, 실내 원예, 실내 녹화, 그린 인테리어, 플랜테리어[1]…. 이 용어들은 식물로 꾸민 실내 공간을 지칭할 때 통용되지만 의미가 조금씩 다르다. 실내 조경은 식물의 첨경[2], 디자인 기법, 색채, 배식[3] 등이 공간과 조화를 이루는 종합예술에 가깝다. 실내 원예는 화초나 채소 등을 가꾸는 일로, 실내 조경보다는 단순하여 일반인도 쉽게 실내 식물에 접근할 수 있는 방법이다. 초기에 실내 조경이 원예 형태로 발달한 것도 이와 같은 이유에서다. 그 밖에 실내 정원은 건물 내부에 정원같이 꾸민 공간을 말하고, 실내 녹화는 건축의 구성 요소를 식물로 덮은 것을, 그린 인테리어나 플랜테리어는 식물을 주재료로 한 인테리어를 가리킨다. 실내 조경의 하위 개념이라고 볼 수 있는 이 용어들은 현재 대중들 사이에서 혼동되어 쓰이기도 한다.

세 번의 도약판

실내 조경이 오늘날과 같이 발전하게 된 첫 번째 도약판은 농경사회에서 산업사회로의 전환이다. 이 시기 각국의 도시는 농촌에서 인구가 유입되며 급속하게 팽창했다. 서울은 물론 뉴욕, 파리, 도쿄 등은 녹지는커녕 주거 공간마저도 협소해졌다. 대다수의 도시민은 사무실이나 작업장, 지하철이나 버스같이 실내 혹은 유사 실내 그리고 폐쇄된 집 안에서 거의 모든 하루를 보내게 됐다. 이러한 삶은 인간에게 본능적으로 자연에 대한 동경과 욕구를 불러왔다. 열악해진 외부 환경은 오히려 실내가 식물 육성에 유리할 수도 있다는 인식을 더하며 실내 조경의 대중화를 싹틔웠다.

20세기 후반에는 전 지구적인 경제발전이 초래한 각종 공해에 맞서고자 생태주의 운동이 등장했다. 이 영향으로 건축계에도 생태 건축이라는 개념이 생겨났고 건물을 통해 도시 환경과 기능을 개선하고자 했다. 그 방법에는 여러 갈래가 있지만 대표 사례 중 하나가 대형 건축물과 조경이 결합하는 것이었다. 실내 조경은 건물 내 중심 공간에 조성되고 그 규모가 점차 확대됐다. 특히 대형 유리 구조의 출현과 현대식 HVAC(공조설비)시스템의 구축은 실내 조경이 다방면으로 진화를 거듭하는 발판을 마련했다.

최근에는 공공/상업 시설보다는 주거에서 실내 조경의 변화가 두드러진다. 코로나바이러스감염증-19(이하 코로나19)로 집에서 머무는 시간이 늘어서다. 사람들은 식물을 통해 새로운 취미를 가지면서 쾌적한 환경과 코로나

블루[4] 극복 같은 효과를 얻고자 한다. 예전부터 집 안에서 식물을 가꾸는 일은 계속되어 왔으나 과거와 달리 산업의 성장이 심상치 않다. 농촌진흥청에 따르면 2020년 3~4월 기준으로 홈 가드닝 산업[5]의 총매출은 약 84% 증가했고, 교보문고에 따르면 2020년 4월부터 1년간의 식물 관련 책 판매량은 전년 대비 약 42% 늘었다. 식물 재배기, 식물 구독 서비스 같은 시장의 다양화도 눈에 띈다. 식물 재배기[6]의 경우 2020년에 600억 원 매출을 달성했고 현재 여러 기업에서 앞다퉈 관련 제품을 선보이는 만큼 2023년에는 2020년보다 약 8배 더 성장할 것으로 전망된다.

서양의 실내 조경사

서양의 실내 조경은 기원전 3~4세기경 고대 이집트와 그리스에서 화분에 식물을 심은 데서 기원한다. 이를 증명하는 이집트 벽화에는 가정에서 꽃과 향기를 감상하고자 화분에 꽃과 나무를 심어 실내를 장식한 모습이 묘사되어 있다. 로마시대에 들어서는 아트리움이라는 공간이 등장한다. 실내를 어디까지로 규정하는가에 따라 달라지기는 하지만, 로마인은 아트리움에 화분을 놓거나 꽃바구니를 매달아 꾸몄고, 햇볕이 잘 드는 거실 창가에서 관상용 식물을 기르기도 했다. 식물을 용기에 심어 실내를 단장하는 기법이 활발히 보급되던 때는 르네상스 시대다.

이후 16세기 독일에서는 토분(흙 화분)이 유행하여 일반 서민도 토분을 이용해 원예 활동을 했다. 17~18세기 영국은 귀족이나 부유층 사이에서 원예에 대한 관심과 호기심이 증가했다. 이들은 항해를 나가는 선원에게 동남아시아 열대지방과 중남미 등지에서 희귀식물을 수집해 오도록 하고 그 식물들을 유리 온실에서 길렀다. 유리 온실은 유럽이 고품질 유리를 생산하면서 등장했고 그 이전의 온실은 벽돌이나 돌로 만들고 화로를 통해 내부 온도를 높였다.

19세기 무렵 영국에서는 유리 무게와 창문 개수만큼 세금을 매기던 유리세와 창문세가 폐지됐다. 이 영향으로 건물은 더 크고 많은 창문을 갖추며 실내에서 식물을 키우는 인구가 늘었다. 그중 상류사회에서는 관엽식물과 다육식물이 인기를 끌었고, 협소한 주택에서는 용기 재배container culture, 행잉 바스켓hanging basket, 창문 정원window garden이 유행했다. 이 시기의 또 다른 변화는 살아있는 식물을 운반할 수 있게 된 점이다. 영국인 나다니엘 백쇼 워드Nathaniel Bagshaw Ward, 1791~1868는 휴대용 온실 같은 '워디안 케이스Wardian Case'를 발명했다. 이를 계기로 영국은 여러 나라와 식물을 교류한다. 1833년 워디안 케이스에, 고사리·이끼·풀을 넣고 배에 실어 시드니로 보냈고, 1849년 중국 상하이에서 차를 영국령 인도로 운송해 아삼 지방에 차 플랜테이션의 길을 열었다.

한편, 20세기 미국은 대형 건물의 바깥에 오픈스페이스open space라는 공간을 할애하여 값비싼 도심 공간의 일부를 공공 공간으로 쓸 수 있게 배려했다. 오픈스페이스는 1970년대에 들어서자 대형 건물의 내부에도 적용됐다. 호텔, 비즈니스센터, 쇼핑센터 등은 건물 내 중심 공간을 인테리어 플라자interior plaza로 조성하여 사람들의 이목을 자연스럽게 모았다. 이 공간은 생태 건축과 맞물려 실내 조경을 하기도 했는데, 이 시도가 성공적 결과를 얻은 후부터 실내 조경은 규모가 확대됨은 물론 에코 시스템eco-system 7)의 개발에 이르기까지 발전을 거듭했다.

한국의 실내 조경사

동서양을 막론하고 실내 조경의 최초 형태는 식물을 용기에 심어 실내를 장식하는 것이다. 기록에 의하면 B.C. 500년경 중국의 고분 벽화에 꽃과 나무로 내부를 치장한 모습이 묘사됐고, 후한 시대(A.D. 25~220년)의 벽화에서도 실내에 배치한 분재 그림이 발견된 바 있다. 이러한 사실로 미루어 볼 때 동양권에서는 중국이 실내 조경의 기원이라고 짐작된다. 한국 역시 이런 영향을 받아 고조선 때부터 실내에서 식물을 기르고 감상해 온 흔적이 있다.

하지만 문헌을 기준으로 한다면 한국의 실내 조경은 삼국시대와 고려시대부터 기록이 뚜렷하다. 우리나라 실내 조경의 특이점은 가상의 풍경과 실물을 함께 배치하여 한 장면으로 완성하는 것이다. 예를 들어 여덟 폭 병풍의 한쪽 편에는 사방탁자가, 그 앞에는 나지막한 선비 책상이, 책상 한쪽 모서리에는 정갈한 수반에 산수경석이, 그 돌 사이에는 석창포 한두 포기가 놓이는 식이다.

조선 말에는 일본이 워디안 케이스를 통해 들여온 식물이 전래됐고 창경궁 온실에서 그 흔적을 찾을 수 있다. 그러나 일상생활에서는 집 구조가 식물을 기르는 데 적합하지 않아 실내 조경이 큰 발전을 하지 못했다. 한국의 실내 조경은 서양식 주거가 도입되며 변화를 맞이한다. 1884년 인천에 국내 최초의 서구식 주택인 세창양행 사택이 지어졌는데, 이를 기점으로 한국의 주거 양식과 실내 조경 기법이 급속히 서구화됐다.

1980년대 후반부터 아파트와 공동주택 등이 증가하고 알루미늄 새시의 등장으로 안과 밖의 완충 공간인 베란다가 보편화되며 가정에서 원예 활동이 정착됐다. 또한 1980년대에는 서울올림픽을 비롯한 국제 행사를 계기로 해외 방문객이 늘자 실내 조경의 미관에도 노력을 기울인다. 한편, 비슷한 시기에 교보빌딩 같은 현대식 대형 건물이나 병원, 오피스텔, 호텔 등도 건설되기 시작했다. 서양에서 실내 조경이 진화된 과정처럼 한국도 내부 아트리움에 특색 있는 장식과 휴식 공간을 확보하기 위해 실내 조경을 적용했다.

2000년대에 들어서는 '웰빙', '친환경'이 화두로 떠올랐고 2002년부터 친환경건축물 인증제도가 시행됐다. 이 시점부터 식물은 실내장식을 넘어 환경개선 및 에너지 절감을 위한 역할을 하게 된다. '힐링'이 주된 키워드였던 2010년대는 상업 공간에 자연 요소가 디자인 및 마케팅 도구로써 활용되기 시작했다고 볼 수 있다. 또한 '홈 가드닝', '플랜테리어'와 같은 단어가 등장할 만큼 가정에서도 식물이 주목을 받았다.

1) 플랜테리어: plant와 interior의 합성어.
2) 첨경: 건물의 축척이나 용도를 나타내고 현실감을 주기 위하여 평면도, 입면도, 투시도 따위에 덧그리는 사람, 나무, 차량 따위의 장식물.
3) 배식: 식물을 가꾸고 심음.
4) 코로나 블루: 코로나와 우울감^{blue}을 합성한 신조어로, 팬데믹으로 일상에 큰 변화가 닥치며 발생한 우울감이나 무기력증을 뜻한다.
5) 홈 가드닝 산업: SSG닷컴, G마켓, 에누리닷컴의 화분, 묘종·묘목, 원예용품 등을 포함한다.
6) 식물 재배기: 가정용 스마트팜으로도 알려진 제품이다. 한국발명진흥회 지식평가센터에 따르면 국내 식물 재배기 시장은 2019년에는 100억 원, 2020년에는 600억 원의 매출을 냈으며 향후 2023년의 매출액으로 5000억 원을 예상했다.
7) 에코 시스템: 여러 생물군집이 물, 공기, 토양 등과 같은 무생물 요소를 바탕으로 태양에너지와 다른 생물군집 등에서 영양분을 섭취하면서 물리적 환경에 적응하며 살아가는 생명유지 체계.

Market

실내 식물의 현황과 미래

지금 한국은?

공공 및 상업 공간은 2010년대부터 실내 조경을 해오던 흐름이 현재까지 지속되고 있다. 반면 주거의 경우 실내 식물이 대중에게 더 가까이 다가왔다.

반려 식물 시대

반려 식물이란 반려동물에서 '동물'을 '식물'로 대체해 이해하면 쉽다. 강아지나 고양이를 가족 구성원처럼 기르듯이 분재나 난초 등을 키우는 것이다. 2021년 10월, 농촌진흥청 국립원예특작과학원이 726명을 상대로 벌인 조사에서 응답자 51.5%가 코로나19 이후 반려 식물에 대한 관심이 늘었다고 답했다. 눈여겨봐야 할 점은 60대 이상(46.3%)보다 20~30대(61.1%)의 관심이 더 높다는 사실이다. 최근 이를 방증하듯 '식집사[1]', '풀친[2]', '풀멍[3]'과 같은 말도 생겨났다.

2021년 빅데이터에 의하면 반려 식물의 연관 기사 검색어로 '코로나', '정서적 안정', '우울감'이 나타났다. 반려 식물 만족도 조사[4]를 살펴보면 100점 만점 기준으로 우울감 해소는 92점, 외로움 해소는 93점으로 나타났다. 또한 식물을 기르기 전후를 비교했을 때 에너지 지수도 1.96점 상승했다.

• 실내 식물 시장의 매출 변화 •

SSG닷컴	홈 가드닝 전체	97%
	배양토	85%
	씨앗	65%
G마켓	화분	40%
	모종	51%
	씨앗	21%
	물조리개	29%
	가위	20%
	화분 받침	27%
	진열대	9%
에누리닷컴	공기정화식물	43%
	다육이	143%
	비료	42%
	화분·화병	69%
	원예 도구	109%
	텃밭 세트	491%

자료: SSG닷컴, G마켓, 에누리닷컴(2020년 3~4월 기준)

관련 시장의 매출 역시 반려 식물에 관한 만족과 관심도에 비례했다. 매일경제가 인터파크, 롯데마트의 통계를 바탕으로 팬데믹 전후의 매출을 비교해 본 결과, 화분은 48%, 묘종·묘목은 92%, 원예용품은 20% 이상 증가했다. 상세 항목별 매출 변화는 왼쪽 아래 표와 같다.

식물로 재테크를

최근 식물이 새로운 돈벌이 수단으로 등장했다. 재테크에 관한 관심이 나날이 증가한 영향도 있지만, 팬데믹이 길어지며 식물 수입이 어려워지고 인테리어 관심도가 높아지며 희귀식물에 이목이 쏠려서다. 식테크[5]로 인기 있는 희귀종은 주로 잎 무늬가 독특한 관엽식물(몬스테라, 안스리움, 알로카시아)이다. 이들은 적게는 수십만 원, 많게는 수백만 원에 거래된다.

이에 따라 개인이 중고 거래 플랫폼을 통해 식물을 판매하는 경우가 늘었다. 잎사귀나 가지만 잘라서 파는 삽수 방식의 거래가 주로 이뤄지는데 문제는 이것이 불법이라는 점이다. 국립종자원은 현재 이 사실이 잘 알려져 있지 않아 "2023년부터 식물 거래 단속 기준을 명확히 고지한 뒤 엄격히 모니터링할 계획"이라고 밝혔다.

식테크 열풍은 희귀식물뿐만 아니라 농작물에도 불었다. 농림수산식품교육문화정보원은 그 원인으로 재택근무 문화 확산과 기후 변화에 따른 특정 품목(대파, 상추 등)의 가격 변동을 꼽았다. 이 배경 아래 2019년 대비 2021년에 '베란다 텃밭' 언급량은 151%, '식물 재배기' 언급량은 238% 증가했다.

• 식물 재배기의 성장 •

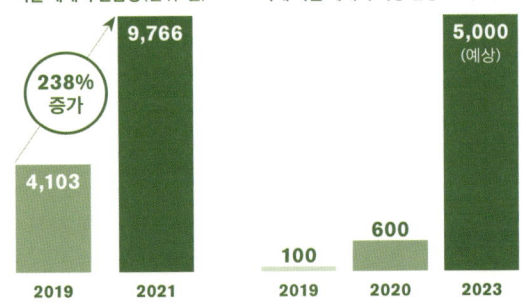

식물 재배기 언급량(단위: 건)
- 2019: 4,103
- 2021: 9,766 (238% 증가)

국내 식물 재배기 시장 전망(단위: 억 원)
- 2019: 100
- 2020: 600
- 2023: 5,000 (예상)

앞 장에서 팬데믹이 불러온 실내 식물의 활용 변화를 짧게 언급한 바 있다. 이번 장에서는 통계 자료와 함께 최근 국내의 실내 조경 트렌드를 좀 더 면밀히 살펴보고 미래를 가늠해 보고자 한다.

글 공수연

앞으로 한국은?

2021년 12월 30일, 서울시가 전국 지자체 최초로 '실내형 공개공간' 제도를 도입했다. 「서울특별시 건축 조례」 제4장 제26조 '공개 공지 등의 확보'에 실내형 공개공간 관련 내용이 7항으로 신설된 것이다. 개정 이유는 실내형 공개공간을 폭염, 한파, 미세먼지와 같은 기후 상황, 접근성 등에 구애받지 않고 활용하기 위함이다. 기존 「건축법」과 「서울특별시 건축 조례」에서도 공개공지 장소를 실외로 한정하지는 않았으나, 실내에 조성할 경우 물리적 기준이 명확하지 않고 공간 특성상 사유재산처럼 점유할 우려가 있어 실제 사례가 없었다. 서울시는 실내형 공개공간이 넓을수록 군집도가 커지는 만큼 쾌적성을 확보하기 위해 면적에 따라 세 단계로 구분해서 최소 폭과 높이를 규정했다. 용적률 인센티브는 「건축법」에 따라 실외 공개공지와 동일하게 120% 범위 안에서 적용받는다.

서울시가 실내형 공개공간의 해외 선례로 뉴욕에 있는 IBM 플라자를 소개했듯이, 그동안 실내 조경은 건물 내 공공공간과 함께 성장했다. 개정된 조례에 실내 조경에 관한 구체적 가이드라인은 없으나 그간의 건축·조경 역사를 살펴봤을 때 쾌적한 환경을 위해 식물이 활용될 것으로 보인다. 나아가 서울시를 시작으로 실내형 공개공간이 확산된다면, 실내 조경이 또다시 어떤 진화를 거칠지 귀추가 주목된다.

©cherrydonut

・「서울특별시 건축 조례」 제4장 제26조 7항 ・

> 7. 제1호부터 제4호 및 제6호에도 불구하고 법 제43조에서 정하는 공개공지 등으로서 기후 여건 등을 고려해 건축물 내부공간을 활용하여 조성되는 공개공간(이하 '실내형 공개공간'이라 한다)의 경우에는 다음 각 목에서 정하는 바에 따른다.
>
> 가. 일반인의 접근이 편리하고 다수 공중이 이용가능한 공간으로 설치
> 나. 최소면적 150m² 이상인 경우: 최소폭 6m 이상, 최소높이: 층수 2개층 이상
> 다. 최소면적 500m² 이상인 경우: 최소폭 9m 이상, 최소높이: 층수 3개층 이상
> 라. 최소면적 1,000m² 이상인 경우: 최소폭 12m 이상, 최소높이: 층수 4개층 이상

1) 식집사: '식물'과 반려동물을 기르는 '집사'의 합성어로, 반려 식물을 기르는 사람을 뜻한다.
2) 풀친: 식물로 알게 된 친구.
3) 풀멍: 식물(풀) 바라보기. 장작불을 보며 멍하게 있는 행위인 '불멍'이라는 신조어를 변형했다.
4) 반려 식물 만족도 조사: 2018년 서울시가 2000명을 선정해 진행한 '반려 식물 보급 사업'에서 330명을 대상으로 실시한 조사.
5) 식테크: 식물과 재테크의 합성어.

Types

실내 조경의
유형별 특성

시공에 따른 분류

빌트인형
식재 공간을 빌트인 가구처럼 건축물이나 가구에 붙박이 형태로 삽입하는 형태다. 소품형과 달리 공간에 딱 맞춰 매입하거나 고정하기 때문에 시각적으로 정돈되고 통일된 인상을 준다. 빌트인형 실내 조경은 설계 단계부터 건축의 요소 중 하나로서 공간과 함께 설계해야 한다. 따라서 주거 공간보다는 다중 이용시설 같은 대형 건축물 위주로 적용된다. 최근 들어서는 도시 농업이 가정에서도 활성화되며 가구와 결합된 조경 상품들이 등장하고 있다.

실내에 조경을 계획할 때는 그 목적에 따라 유형별 장단점을 비교해 볼 필요가 있다. 시공에 따라, 건물 용도에 따라, 활용 방법에 따라 달라지는 실내 조경의 유형과 특성을 소개한다.

글 공수연

전문가마다 다소의 차이는 있으나 실내 조경은 보통 조성 방식에 따라 빌트인형, 벽면형, 평면형, 소품형으로 구분한다. 네 가지 유형은 공간의 물리적, 환경적 조건에 맞춰 조경 방법을 선택하는 데 도움을 준다.

벽면형

환경문제의 대두로 조경과 건축이 결합된 사례가 다수 등장하곤 했다. 그중 벽면형 조경은 구조물의 수직 면을 효율적으로 활용하면서도 녹지 면적을 확보할 수 있어 선호된다. '벽면 녹화'라고도 알려진 이 유형은 벽 자체를 활용하기도 하고 식재 용기를 일부 벽에만 부착하기도 한다. 벽면 자체를 녹화하는 경우 식물 줄기를 위로 올라가게 하거나 아래로 늘어뜨린다. 만일 벽면에 적극적으로 디자인을 하고자 한다면 식재 용기를 사용하는 것이 좋다.

평면형

바닥을 활용한 실내 조경으로, 시공에 따라 분류한 네 가지 유형 중 가장 안정감이 있고 다양한 식재도 할 수 있다. 평면형 조경은 정원과 유사하게 조성하기 때문에 추후 이동이 어렵고 건축 공사와 함께 작업을 진행해야 효과가 좋다. 시공 방법과 유지 관리에 어려움이 따르지만, 자연과 가장 가까운 형태로 사람의 감성을 자극한다는 장점이 있다.

소품형

인테리어에 관심이 증가하면서 실내에서 화분뿐만 아니라 행잉, 토피어리, 테라리움 등을 통해 식물을 기르는 경향이 늘었다. 이처럼 소품형 조경은 소품을 통해 공간에 식물을 적절히 배치하는 유형이다. 용기의 크기, 디자인 등에 따라 공간 분위기를 다르게 연출할 수 있다. 또한 이동과 배치가 자유로워 필요에 따라 사람의 동선을 유도하기도 하고 머물게도 하는 등 방향성과 장소성을 설정할 때도 활용 가능하다.

건물 용도에 따른 분류

실내 조경은 건물 용도에 따라 그 특성이 달라지기도 한다. 식물을 실내로 들이는 곳은 많지만, 그중에서도 실내 조경을 보편적으로 사용하는 곳은 주거 공간, 공공 및 상업 공간, 의료 공간이다.

주거 공간

주거 공간에서는 보통 사람들이 조경을 생활원예 범주에서 특별한 기술이나 노하우 없이도 자유롭게 유지 관리한다. 주거 공간에서 실내 조경은 그 특성을 구분할 때 식물 생태, 그중에서도 물 주기가 제일 중요하다. 우선 일반적인 재배는 적습형, 물 관리를 최소화하는 조건은 사막형이라 부른다. 이외에도 수생 식물을 위한 연못형, 실내 정원의 일부를 수공간으로 활용한 습지형이 있다.

공공 및 상업 공간

공공시설은 외부에 있는 광장을 실내로 끌어와 그 공간을 조경과 함께 조성하기도 한다. 상업시설에는 쇼핑몰, 쇼룸, 미술관 등이 속한다. 이러한 장소는 고객을 유도하기 위해 식물을 조명, 색상 같은 시각 요소와 함께 쓴다. 두 공간의 실내 조경은 대체로 규모가 크고 아트리움에 있는 경우가 많다. 넓은 장소에 식물을 심는 만큼 조경 중심부를 높게 하여 섬 모양으로 꾸미거나, 계단 형식으로 높이 차이를 준다. 혹은 두 기법을 시각적으로 중복시킬 때도 있다.

의료 공간

의료시설에 조경을 두는 이유는 식물의 치료 기능 때문이다. 소위 '치유(치료) 정원'이라 불리는 이곳의 목적은 원예치료 프로그램을 통해 치유를 극대화하고, 소통 공간으로서 사회 적응력을 강화하고, 재활과 회복을 돕기 위함이다. 치유 방식은 식물이 환경에 미치는 영향을 통해 간접적으로 효과를 얻는 '객체적 치유'와 직접 원예 활동에 참여하거나 정원을 거니는 것으로 효과를 얻는 '주체적 치유'로 구분된다. 현재 정원 유형에 대한 개념이 정립되어 있지는 않으나, 향기 정원, 소리 정원, 키친 정원 등 다양한 형태가 있다.

활용에 따른 분류

실내 조경은 활용 방법에 따라 감상형, 휴식형, 하이브리드형, 총 세 가지로 분류하기도 한다.

감상형

실내 조경에 휴식시설이 전혀 설치되지 않은 공간으로 이용자는 조경 공간을 통과하는 경우가 대부분이다. 이럴 때 실내 조경은 감상을 위한 장치이다. 공공 청사나 공항, 여객 터미널의 통로처럼 공공성과 이동성이 높은 공간에서 주로 보이며 대체로 이동 동선을 따라 벽면형 조경을 한다. 식물을 통한 공기정화나 치유 기능 같은 효과를 바라지 않고 오직 감상만을 목적으로 할 경우 조화를 사용하기도 한다.

휴식형

실내 조경과 함께 벤치, 탁자 등의 다양한 휴식시설이 어우러진다. 이용자는 조경 공간 안에서 대화를 하거나 휴식을 취할 수 있다. 주요 동선에서 조금은 떨어져 있고 사적인 분위기가 필요한 공간에 어울린다. 혹은 호텔 로비나 개인 사옥 로비에 아늑한 느낌을 주고자 할 때 채택하기도 한다.

하이브리드형

하이브리드형은 감상형과 휴식형이 섞인 유형이다. 휴식형 조경처럼 적극적으로 쉴 수 있는 장치는 없지만, 벤치 역할을 대신하는 플랜터가 있는 공간이다. 대표적인 예로 쇼핑몰에서 볼 수 있는 화분과 벤치가 결합된 조경시설이다. 사람들은 조경을 감상하거나 통과할 수 있으며, 일부는 플랜터에 앉아서 휴식할 수도 있다. 업무시설이나 상업시설에 조성되는 세미-퍼블릭한 공간에서 주로 나타난다.

Story

실내 조경의 기능과 효과

장식, 심리, 환경, 건축, 치료, 공간, 심미, 공학. 그동안 실내 조경의 기능을 설명할 때 논문과 기고 등에서 쓰인 용어들을 나열한 것이다. 단어는 조금씩 달라도 맥락상 상통하는 기준들이 있다. 뜻이 맞는 용어끼리 모으면 '환경 및 공학, 심미(장식), 건축(공간), 심리 및 치료'로 집약된다. 이 네 가지 분류에 따라 실내 조경의 기능과 효과를 정리했다.

-

글 공수연

환경 및 공학 기능

온습도 조절
식물 속의 물이 기공을 통해 수증기로 방출되는 현상을 증산작용이라 한다. 식물을 '천연 가습기'라 부르는 것도 이 원리 덕분이다. 농촌진흥청은 공간 대비 9%의 식물이 있으면 상대습도가 약 10% 증가한다고 밝혔다. 더욱 좋은 점은 식물은 자정작용을 해서 상대습도에 따라 증산을 스스로 조절할 수도 있다.

증산작용은 습도 외에도 실내 온도에 영향을 주기도 한다. 겨울에는 습도 증가와 함께 온도가 1~3℃ 올라가고 여름에는 증산작용을 위해 열을 흡수하여 온도를 낮춘다. 또한 식물의 높이, 밀도, 위치에 따라 불필요한 섬광과 반사광을 차단할 수 있다. 덕분에 실내의 쾌적성이 향상돼 에너지 측면에서 효과를 낸다.

대기환경 개선

공기 정화는 실내 조경의 대표 기능 중 하나다. 식물이 기공을 통해 공기 중 유해 물질을 흡착하기 때문이다. 유해 물질에는 이산화질소, 플루오린화 수소(불화수소), 오존과 같은 미세먼지를 비롯해 포름알데히드, 벤젠, 자일렌(크실렌)과 같은 휘발성유기화합물(VOC)이 해당된다. 그중 포름알데히드는 건축자재나 가구, 집기류 등에서 발생하며 새집증후군의 주요 원인으로 알려져 있다.

식물을 이용한 실내 공기 질 개선에 대한 연구는 1989년 미국항공우주국(NASA)에 의해 시작되어 지금까지 다수의 기관을 통해 계속되고 있다. 농촌진흥청의 연구 결과에 따르면 공간 부피 대비 2%의 식물을 두면 미세먼지가 12~25% 감소하고, 9%의 식물을 두면 포름알데히드가 40~75% 감소한다. 주의할 점은 실내에 있는 오염 물질량, 온도, 식물 크기와 엽 수, 광합성량과 같은 변수들에 의해 달라질 수 있다는 사실이다. 타 기관의 분석 결과들도 비교해 보면 조금씩 다르지만, 공간 부피 대비 필요한 식물 비율은 평균적으로 5~10%로 계산된다.

그러나 2019년에 들어서 미국에 있는 드렉셀대학교 연구진이 식물의 공기정화 효과가 과장됐음을 주장했다. 그동안의 실험 방식이 실생활의 환경과 상이해서다. 밀폐 실험실이 아닌 생활공간을 기준으로 했을 때, 자연 환기 수준의 효과를 내려면 $1m^2$당 5개의 화초가 필요하다고 한다. 그간의 연구를 종합했을 때 식물이 공기정화를 하는 것은 사실이지만 효과를 극대화하려면 자연 환기도 함께 하는 것이 바람직해 보인다.

방음 효과

식물은 잎이나 잔가지로 소리를 흡수하거나 평행되게 하고 굴절시키거나 반사하여 인간의 귀에 민감한 음향 레벨을 차단한다. 방음 효과가 매우 우수한 편은 아니지만 차분하고 쾌적한 공간을 조성하는 데 도움이 된다.

심미 기능

인공 환경에 생기 부여
식물은, 건축물의 면이나 직선, 색채 등에서 풍기는 인위적이고 경직된 분위기를 그 푸르름으로 완화한다. 생명력 있는 식물은 공간에 생기를 부여하고 실내를 아름답게 장식하여 시각적 즐거움을 준다.

업무 공간의 색채 안정감
업무 공간에 식물을 두면 색채 경관에 안정감을 주고 실내 분위기를 조성하는 데 도움이 된다. 이때 식물의 형태, 종류, 개수 등은 실내 디자인과 적합하게 배치하는 것이 좋다. 그중 사무실 내 녹시율(보이는 신록 비율)은 10~25%가 적당하다는 분석 결과가 다수 있다.

상업 공간의 선호도 상승
백화점과 같은 상업 공간에 실내 조경을 할 경우 공기 정화뿐만 아니라 미적 이미지를 부각해 시선을 자극하고 이용자의 체류 시간을 늘리는 효과가 있다. 식물이 만들어내는 쾌적하고 시각적으로 끌리는 환경은 이용자가 재방문하는 데 큰 영향을 미친다.

건축 기능

구획 명료화
조경을 통해 내부 공간을 분할하고 경계를 구분함으로써 특정 공간이 고유의 기능을 가지도록 한다. 구획 방식도 식물의 특성에 따라 달라진다. 예를 들어 지피식물은 바닥을, 빽빽하게 심은 관목은 벽을, 관목 이상의 큰 나무나 덩굴식물은 캐노피를 형성할 수 있다. 식물 자체와 배치로 공간의 흐름을 조절하면 이용자의 동선을 유도하고 질서를 유지하는 효과도 생긴다.

시선 차단
식물을 이용해 불필요한 시선을 차단하여 사생활 노출을 막기도 한다. 차폐 식재는 관찰자로부터의 상대적 거리와 높이, 위치 등을 감안해 계획된다. 식물의 밀도와 높이는 대상물을 통과하는 관찰자의 움직임이나 속도에 따라 조절하는데, 특히 식물의 간격은 울타리의 투명도를 결정하는 주요 요소다.

실내 광장 역할
대형 시설의 실내 조경은 주로 휴식과 만남의 장이 되기도 하고 소규모 공연장이나 상업 공간으로 활용되는 등, 다목적 실내 광장에 가까운 역할을 한다. 또한 대공간에 식물을 둠으로써 공간 크기를 시각적으로 축소해 인간 척도로 인식시켜 사람에게 편안한 느낌을 불러일으킨다.

심리 및 치료 기능

심리 안정

농촌진흥청은 식물이 없는 실내와 녹시율 5%의 실내를 비교했을 때 후자의 환경에서 인간의 긴장감, 우울감, 피로감 등이 평균 22% 줄어든다고 밝혔다. 색채 전문가에 따르면 녹색은 인간 뇌파의 알파파를 발산시킨다. 편안한 상태에서 감지되는 알파파가 증대되면 피로 회복 속도가 빨라지고 심리적으로 안정된다. 식물과 뇌파의 관계를 살펴보면 식물 유무에 따라서 뇌파에 차이가 있지만, 식물 종류에 따라서는 큰 격차를 보이지 않는다. 이는 특별한 식물이 아니더라도 녹색 식물을 통해 심신을 다스릴 수 있음을 의미한다.

한편, 색이 아닌 향을 통해 스트레스를 조절하기도 한다. 일부 허브 향은 스트레스 호르몬인 코르티솔의 농도를 낮춘다. 이 기능을 활용하면 심장 박동수를 조절함으로써 스트레스를 해소할 수 있다.

일의 능률 향상

식물의 녹색은 측두엽과 두정엽을 활성화하기도 한다. 측두엽은 언어, 기억 및 정서 기능을 담당하고 두정엽은 감각 정보를 통합한다. 식물을 보는 것으로 뇌의 활성도가 높아지며 수치적으로는 활력 지수가 38% 증가한다. 농촌진흥청이 $60m^2$ 사무실에 $3m^2$ 규모의 조경을 조성했을 때 사용자의 주의회복척도[1]가 미설치 공간에 비해 57% 높았다.

또한 실내 조경에서 식물이 아닌 다른 요소로 일의 능률을 높일 수도 있다. 한정된 공간에서 물과 돌 같은 재료들로 동적 경관을 연출하면 심리 효과를 일으켜서 일의 능률과 산업 활동을 촉진한다.

원예 치료

원예 치료 horticultural therapy는 식물이 인간 심리에 미치는 긍정적 영향을 치유로 응용한 형태다. 원예 활동을 통해 인간의 사회적, 심리적, 신체적 적응력을 길러 육체적 재활과 정신적 회복을 추구한다. 초창기에는 정신·지적 장애인을 대상으로 했으나 점차 신체 장애인으로 대상이 확대됐다. 오늘날에는 누구든지 정신적, 신체적으로 불편함을 느끼면 원예 치료를 받기도 한다. 원예 치료는 살아있는 생명과 대상자가 상호작용하는 것이 특징이다. 따라서 의학 분야의 전통적 치료와는 달리 오감을 자극할 뿐만 아니라 식물에 대한 이해를 도와 교육 효과까지 나타난다.

> **Tip** 원예 치료 대상별 효과

- 뇌졸중: 심리 안정, 인지 기능 향상
- 조현병(정신분열증): 사회 적응력 강화
- 지적 장애: 부적응 행동 감소, 직업 재활
- 치매, 노인: 신체 기능의 쇠퇴 지체, 사회 적응력 강화
- 아동, 청소년: 주의 집중력 훈련, 스트레스 완화

1) 주의회복척도: 정신적 긴장으로부터 인지 및 정서적 회복을 할 수 있는 능력을 지수화한 수치.

Interview

실내 조경의
역사를 품은:
사회정의를 위한
포드재단센터

가이 챔핀
레이몬드 정글스
시니어 어소시에이츠

20세기 중반인 1960년대에 미국에서는 대형 건축물과 오픈스페이스 개념이 결합되며 실내에 조경이 적극적으로 들어오기 시작했다. 뉴욕 맨해튼에 위치한 사회정의를 위한 포드재단센터(이하 포드재단센터)는 이를 대표하는 사례 중 하나다. 업무시설이지만 대형 아트리움에 푸르른 실내 정원을 갖췄다. 건물은 준공 후 약 50년이 지난 2019년 리모델링을 거쳤는데, 그중 조경을 담당한 가이 챔핀에게 리모델링 전후의 이야기를 들어 보았다.

인터뷰 공수연
인터뷰이 **가이 챔핀** 레이몬드 정글스
시니어 어소시에이츠
사진 레이몬드 정글스(ⓒBarrett Doherty)

감씨(감): 포드재단센터는 1960년대에 건축가 케빈 로시, 존 딘켈루가 설계하고 조경가 댄 카일리가 참여한 프로젝트다. 그 당시 이 건물은 아트리움을 온실처럼 만들어 주목을 받았다. 기존 건물에 대한 설명, 그리고 이 사례가 실내 조경 역사에는 어떤 의미를 가지는지 궁금하다.

가이 챔핀(챔핀): 포드재단센터는 업무 공간을 ㄷ자 형으로 배치하고 그사이는 아트리움으로 구성된다. 12층 규모의 아트리움은 직원 간 유대를 강화하고 사무실에 자연 채광을 들이는 장치로 계획됐다. 또 다른 특징은 아트리움에 조경을 적극 도입한 점이다. 이는 마치 건물 안에 공원이 있는 듯한 인상도 준다. 그 당시 미국에서 포드재단센터의 정원 규모와 맞먹는 실내 조경 사례는 몇 안 됐다. 이러한 아트리움 유형은 포드재단센터가 준공된 시점부터 미국의 상업 건물과 초고층 건축물에서 일반화되기 시작했다.

감: 댄 카일리의 조경 특징을 알고 싶다. 나아가 그는 포드재단센터의 정원을 어떻게 디자인했나?
-

챔핀: 카일리의 조경 특징은 구조적이고 직교적이다. 어떤 경우에는 대칭을 이루기도 한다. 포드재단센터의 정원 역시 나무들이 격자 위에 놓여 있는 듯한 접근법을 보인다. 식물 군락은 비교적 야생 상태로 보이지만 조경의 하드스케이프(길, 계단, 담장 등)는 기하학 공간을 조성한다. 카일리는 이 정원을 뉴잉글랜드의 숲처럼 조성했으나, 유지관리 과정에서 유칼립투스, 프라이러스pryrus(배나무), 목련 같은 다양한 기후에 속하는 종들이 섞였다.

 조경 기술을 살펴보면, 큰 나무를 심을 때 경사판을 이용해 운반하고 도르래를 통해 세웠다. 관수 시스템을 도입해 뿌리(분형근) 주변의 침식을 방지하며 나무에 물을 공급하고자 했다.

감: 2015년부터 포드재단센터의 리모델링이 시작됐다. 리모델링의 목적은 무엇이었나?
-

챔핀: 미국의 방재 규정이 변경되면서 포드재단센터를 그 기준에 충족하도록 개선해야 했다. 중점 작업으로는 스프링클러 및 기타 화재 진압 시스템 설치, 가연성 물질 교체, 석면 제거 등이 있었다. 건축주는 일부 변경에서 그치지 않고 완전한 복원을 하기로 결정했다. 포드재단센터의 평면은 협업을 강화하기 위함이었지만 실제로는 그 의도대로 쓰이지 못했다. 따라서 목표는 실 배치 등을 재단이 추구하는 가치에 따라 공정하게 만들고, 장애와 상관없이 모두를 환영하는 공간을 완성하는 것이었다.

감: 조경은 건물의 가치를 존중하면서도 새로운 요구 조건을 충족하기 위해 어떤 일을 했나? 또한 설계를 착수하기 전에 조경의 문제점을 분석했다고 들었다.
-

챔핀: 복원에 앞서 카일리의 설계 의도를 분석하고 이해하는 과정을 거쳤다. 카일리가 디자인했던 자료들이 1980년대 것부터 거의 남아 있지 않았기 때문이다. 식물 대부분이 일반적인 실내 식물로 대체됐고 기존 조경에 대한 면밀한 조사도 진행된 적이 없었다. 나무들은 설계도에 맞춰 정확한 위치에 놓여 있었으나 밀도가 높아 자연 채광을 방해했다. 이외에도 가파른 경사에 따른 침식, 온습도, 환경 적응, 조명, 해충 등 생장과 관련한 문제도 있었다. 우리는 문제점들을 해결하면서 카일리의 의도에 따라 건물의 투명성을 되찾고자 했다.

감: 2019년 재단장을 마친 후, 이 문제들은 어떻게 해결됐는가?
-

챔핀: 디자인 부분에서는 아트리움을 중심으로 내부를 시각적으로 연결하고, 경사로나 리프트 등으로 접근성을 높여 공간을 물리적으로도 공유하게 됐다.

기술 측면에서는 여러 전문가와 협업했다. 지반 침식의 경우, 제임스 어반 James Urban과 사이트웍스 SiteWorks가 지오 파이버 geo fiber 공법을 통해 지반을 안정화했다. 새로 심을 나무들은 2년 전에 미리 결정, 플로리다에서 적응 과정을 거친 후 포드재단센터로 옮겼다. 첫 1년의 적응 과정은 나무를 식재할 최종 자리의 흙을 특수 제작한 상자에 담고 그 상자에 나무를 심어 그늘에서 기르는 시간이었다. 그다음 8개월은 경사지에 적응하기 위한 훈련이었다. 상자에 자갈을 깔아 경사를 만드는데 그 경사는 나무의 최종 위치를 반영했다. 이 자갈 시스템은 뿌리 성장을 더욱 촉진시켜 실제 경사에서도 나무가 잘 자라도록 돕는다. 적응 기간 동안 MEP 엔지니어가 아트리움의 온습도와 동일한 조건을 조성해 주기도 했다. 이번에 추가로 설치한 조명은 조명 디자이너와 제작했고 실내 빛 환경을 보완한다.

감: 재단의 사명인 '모두의 존엄성 증진'에 맞춰 실내 조경에서도 유니버설 디자인이 적용된 부분이 흥미로웠다. 접근성을 개선했을 뿐만 아니라 시각 장애인을 위해 감각 정원 등을 조성했는데 감각 정원이란 무엇인가?
-

챔핀: 쉽게 말해 시각 외에도 후각과 촉각 등을 자극하는 정원이다. 감각 정원에는 질감이 독특한 잎이나 향기가 나는 식물들을 연속적으로 배치했다. 어떤 방문객이든지 다양한 방식으로 이 정원을 즐길 수 있다.

감: 마지막으로 포드재단센터의 리모델링을 마친 소회와 앞으로 실내 조경이 발전해야 할 부분을 짚어 달라.
-

챔핀: 이 프로젝트는 카일리에게 경의를 표하는 동시에 그의 디자인 의도를 새롭게 받아들이는 기회였다. 우리는 이 작업을 통해 실내 조경에 필요한 온도, 습도, 빛과 관련한 모니터링 시스템을 배울 수 있었다. 또한 자연적인 해충 방제를 연구하는 계기이기도 했다. 이러한 기술들이 발전한다면 건물 내에 기능적 생태계를 만드는 데 기여할 것이다. 미래에는 실내에서 더 많고 다양한 야생 정원을 보게 된다면 좋겠다.

가이 챔핀
가이 챔핀은 칠레에 있는 피니스테래 대학교에서 건축을 공부하고 건축가로 경력을 쌓았다. 이 과정에서 자연과의 결속이 느슨해지고 있다고 느껴 코넬대학교에서 조경을 공부하며 분야를 전환했다. 현재는 조경회사 레이몬드 정글스에서 시니어 어소시에이츠를 맡고 있다.

Interview

실내로 들어온 공원: 더현대 서울

우현미
디자인알레 소장

2021년 2월 개장과 동시에 '백화점의 미래'란 수식어를 안은 더현대 서울. 관심은 쉽게 수그러들지 않았다. 유통 불모지라 불리는 여의도에 영업 면적 비중까지 줄였지만 개점 1년 만에 매출 8천억 원을 돌파하며 국내 백화점 개점 첫해 매출 신기록까지 달성했으니 말이다. 그 저력은 무엇일까. 여전히 더현대 서울 기사의 첫머리를 장식하는 5층 실내 정원 사운즈 포레스트를 먼저 살펴보지 않을 수 없다. 설계 및 시공을 맡은 디자인알레 우현미 소장에게 소개를 부탁했다.

-
인터뷰 **윤솔희**
인터뷰이 **우현미** 디자인알레 소장
사진 **디자인알레**

감씨(감): 더현대 서울 전체 영업 면적 중 절반가량이 실내 조경 및 휴식 공간이다. 지금은 그 가치를 눈으로 확인할 수 있으니 의심할 여지가 없지만 설계 당시에 걱정하지 않았나?

-

우현미(우): 영업 면적 8만 9100㎡ 중 매장이 차지하는 면적은 4만 5527㎡ 뿐 나머지는 실내 조경 및 휴식 공간이다. 그중에서도 사운즈 포레스트 면적이 3300㎡에 해당한다. 다시 봐도 이례적인 규모. 콘셉트를 향한 클라이언트의 굳은 의지가 만든 결과라고 본다. 그들은 처음부터 "파크를 만들자"고 했고 우리는 줄곧 이곳을 "파크"라고 부르며 실내에 진짜 공원을 만들고자 했다. 이 프로젝트로 나 역시 많이 배웠다. 중장년층의 관심사 정도로 여겼던 식물이 이제는 전 세대의 사랑을 받고 있으며, '백화점의 무덤'이라고 불리는 입지 한계를 능가할 묘수일 정도로 실내 조경의 힘이 막강해졌다는 것이다. 10년 전만 해도 몇 십만 원짜리 화분 서너 개로 퉁쳤던 게 실내 조경인데, 이제는 공간의 중요한 아트피스이자 오브제로 여기며 건물 기본설계 단계부터 고려하는 경우가 많다.

감: 더현대 서울의 프로젝트 기간이 4년이었다고. 업무 범위는 어떻게 정했나?

-

우: 장기간 멈춰 있던 파크원 건설 현장이 다시 가동된 게 2017년 1월이다. 바로 1년 전인 2016년에 파크원 측과 현대백화점 측의 임대 계약이 이뤄졌고 디자인알레는 공간의 기본설계 윤곽이 나온 2017년 하반기부터 합류하게 됐다. 클라이언트와 처음 계약한 업무 범위는 1~3층 워터폴가든과 5층 사운즈 포레스트 설계 및 감리였다. 프로젝트를 진행하던 중 완성도 측면에서 전층의 조경 연출을 같이 진행하면 좋겠다는 합의가 생겨 범위가 더 넓어졌다.

감: 전층을 아우르는 조경 디자인이어야 한다는 결정은 왜 중요했나?

-

우: '어떤 식물을 얼마만큼 둘 것인가'보다 '어느 시점에서 어떤 장면을 볼 것인가'가 중요했기 때문이다. 그저 식물을 많이 둔다고 멋진 실내 조경이 완성될 리 없다. 더현대 서울의 콘셉트는 실제에 가까운 공원을 구현하는 것이었고, 그 미션을 위해서는 공원이란 무엇인지, 사람들은 공원에서 무엇을 보고 느끼는지를 살펴볼 필요가 있었다. 그 과정에서 영화 시나리오를 짜듯 지하층부터 지상 6층까지 에스컬레이터를 타고 보이드를 통과하며 마주할 조경 시퀀스를 구성하고 연결해야 한다는 판단이 섰다.

감: 공원 풍경을 실내에 구현하기 위해서 어떤 노력이 필요했나?

-

우: 규모상 5층 사운즈 포레스트 영역에 공을 많이 들였다. 50여 그루의 나무와 10여 종의 초화류 등의 식재도 중요하지만 디자인상에서 결정적인 한 수로 바닥 이야기를 빼놓을 수 없다. 플랜터라고 총칭하는 화분 또는 화단 설치를 최소화하고 자연 지반을 만든 것. 대신 40~50cm 정도의 토심을 확보하기 위해 전체 구조 보강과 동시에 계단 없는 작은 언덕 지형을 만들었다. 가장 깊은 곳이 약 80~90cm 정도 깊이다. 그리고 사운즈 포레스트 바닥 마감재와 매장 복도 마감재의 경계도 인상을 좌우하는 중요 지점이라 몇 차례의 논의 끝에 사운즈 포레스트 영역에 쓰는 벽돌 타일을 매장 복도 영역까지 확장해 적용했다.

감: 앞서 강조한 수직적 시퀀스는 어떻게 연결했나?

우: 에스컬레이터에 올라 워터폴 가든이 쏟아내는 시원한 청각적, 촉각적 청량감을 느끼며 1~3층을 지나면 곳곳에 자리 잡은 플랜터를 발견할 수 있을 것이다. 테라코타로 만든 이 플랜터 이름은 빅팟, 디자인알레가 직접 디자인하고 제작했다. 마치 물주머니를 내려놓은 듯 불룩한 배가 특징인데 같은 모양을 찾기 어렵지 않던가? 손수 조각하듯 만들었다. 식물도 어느 한 종으로 통일하지 않고 종류, 크기, 수형을 달리 배치했다. 그리고 4층에서 5층으로 진입하며 사운즈 포레스트를 마주한다. 이때 많은 이들이 익숙한 환경에서 익숙한 식물 규모를 보는 편안함에서 예상치 못한 공간적 환경과 낯선 조경 규모로 놀라움을 느끼게 된다.

감: 어떤 생각을 염두에 두고 식재할 수목을 정했나?

우: 한마디로 한국 사람이면 어디선가 한 번쯤 본 것 같은 식물들로 골랐다. 편안함, 안정감이 우선이었다. 개념으로나 실제 환경으로나 실내 온실임을 의식해 제주, 남해, 사천 등지에서 자생하는 식물 위주로 골랐고 식재하기 2년 전부터 계약재배 약정을 맺어 수량을 확보했다. 방문한다면 호랑가시나무, 홍가시나무, 은목서 등을 한번 찾아보라.

감: 워터폴 가든에 올라간 나무는 무엇인가? 토심이 깊지 않길래 도대체 어떤 나무인가 궁금했다.

우: 목대는 뽕나무이고 잎은 느티나무 잎과 비슷한 모양을 붙여 만든 조화다. 진짜 나무라고 생각할 만큼 디테일이 잘 유지되고 있는 것 같아서 기분이 좋다. 저 수형을 찾느라고 정말 고생했다. 지나가는 사람을 붙잡고 "나무 그려보세요" 했을 때 나올 만큼 나무의 전형이라고 할 만한 형태를 찾고 찾다가 결국 우리 정원의 뽕나무를 내어준 것이니까. 원래 잎을 다 제거한 뒤 잎 자리에 조화 잎을 한 땀 한 땀 접착제와 와이어로 이어가며 수작업으로 완성했다. 초화류로는 철쭉과 진달래 등을 골랐고 이 역시 동일한 작업을 거쳐 조화로 식재했다.

감: 실내 조경 규모가 워낙 크니 갖춰야 할 특수 설비가 있었을 것 같은데.

우: 천창이라 자연 채광이 가능하고 보이드가 공기순환을 돕는 편이라 배수를 위한 드레인, 관수를 위한 수도 등 실내 조경에 필요한 기본 설비만으로도 충분했다. 흙도 일반적으로 구할 수 있는 인공 배양토를 썼다.

더현대 서울 1~5층 단면도. 대규모 실내 정원인 사운즈 포레스트 영역은 면적 3300m², 층고 23m를 기록한다.

1 5~6층을 잇는 그린 컬러 돔.
2 빛을 들이는 유리 천장.
3 파고라와 화분 등이 배치된 쉼의 영역.

감: 실내 조경 프로젝트를 할 때 스스로 지키고자 하는 태도가 있다면?
-

우: 실내에 살아 있는 식물을 둔다는 건 사실 자연스럽지 않은 일임을 받아들이는 것. 그래서 더 크게 책임 의식을 느끼려고 한다. 식물 생장 관점에서 보면 실내는 극한 상황이나 다름없다. 사람이 좋아하는 온습도와 식물이 좋아하는 온습도가 다르지만 늘 우선인 건 사람이니까. 그러니 디자이너의 시선에서 무엇이 특별한가에 중심을 두지 않고 보호자의 마음으로 이 환경에서 얼마나 잘 살아줄 수 있는지를 우선 고려하려고 한다.

감: 다른 조경설계사무소와 구분되는 디자인알레의 강점은 무엇이라고 생각하는가?
-

우: 디자인알레 구성원이 만드는 여러 분야의 전문성이라고 본다. 팀원들 전공만 살펴봐도 그렇다. 건축, 조경은 물론이고 가구, 회화, 패션, 조각 등 다양하다. 이들의 공통점은 표현력에 관심이 많다는 것. 상상에 물성을 입히는 걸 좋아하기 때문에 자신의 이미지를 완성도 높은 실체로 구현하기 위해 노력한다. 실현 불가능하다고 해서 단번에 그두는 일은 없다. 다른 소재를 찾고 다른 방식을 고민하고 문제를 다시 생각한다. 누군가는 효율이 떨어진다고 생각할 수 있으나 우리는 그걸 즐기는 편이다.

감: 실내 조경이 각광받는 시대에 왔다. 이제 다음 과제는 무엇이라고 생각하나?
-

우: 개인적으로 우리가 하는 일의 환경적 영향에 대한 생각이 깊어지고 있다. 후세대에 무엇을 물려줄 것인가란 시대의 질문에 조경 역시 예외일 수 없다고 생각하기 때문이다. 전문가에게도 소비자에게도 새로운 접근법이 필요한 때다. 단순히 힐링 에너지를 준다는 효능을 넘어선 실제적인 생태 보존 차원, 에너지 절약 차원의 구체적 지표가 더 연구되어야 할 것 같다.

우현미
우경미 대표와 함께 디자인, 인테리어, 원예, 조경 등을 아우르며 디자인알레를 이끌고 있다.
1999년 압구정에서 조경 디자인 회사로 시작한 이들은 공간기획, VMD 같은 공간 기반의 브랜딩 영역을 전방위로 아우르며 자연과 사람이 어우러지는 라이프스타일 모델을 새롭게 제시하고 있다.

Interview

조경·기술·경험을
조직하는:
마음풀 프로젝트

유승종
라이브스케이프 대표

교실에 작은 숲이 들어왔다. 라이브스케이프의 마음풀 프로젝트다. 라이브스케이프는 실내에 단순히 식물을 심고 가꾸는 것이 아니라 사람과 식물과의 관계를 탐구하여 자연을 경험하는 행위를 극대화시킨다. 식물을 매개로 실내에서 조경, 기술, 경험을 어떻게 조직할 수 있는지 유승종 대표에게 들어본다.

-
인터뷰 **박세미**
인터뷰이 **유승종** 라이브스케이프 대표
사진 **라이브스케이프** 제공

감씨(감): 서울시의 마음풀 프로젝트(이하 마음풀)는 교실 내 식물을 조성하는 작업이다. 프로젝트를 시작하게 된 배경은 무엇인가?

유승종(유): 건축을 전공하고 건축가로 실무를 하다 조경가로 활동을 하게 됐다. 평소 식물과 공간을 경계없이 하나로 구성할 수 있는 방법을 깊이 고민하고 있었다. 마침 서울시 디자인 정책과에서 시행하는 문제해결 디자인 사업에서 내 생각을 구현할 기회가 엿보여 제안입찰을 하여 참여하게 되었다.

감: 마음풀의 목적은 무엇인가?

유: 프로젝트는 청소년들의 디지털 중독 문제에서 시작됐다. 디지털은 시각이라는 감각에 편중돼 있기 때문에 자연을 경험하는 다양한 방법을 통해 다양한 감각을 일깨워 주자는 취지였다. 사람은 살아있어서 살아있는 것을 좋아하며 끌린다. 식물을 눈으로 보고 코로 맡고 먹을 수도 있지만, 식물이 심겨진 흙에 손을 넣었을 때 느껴지는 촉감과 물이 떨어질때 들리는 소리 등 여러가지 경험의 지점들이 더해지면 식물과 자연을 매개로 하여 다양한 감각을 느낄 수 있는 공간이 될 수 있다.

감: 마음풀은 단순 업무 시설이 아니라 학교에 하는 작업이고, 대상도 아이들이었기에 특히 신경 쓴 부분이 있었을 것이다.

유: 신경을 썼는데도 예상하지 못한 부분에서 의외의 발견을 하게 된 경우가 있다. 공간을 아름답게 조성하면 사용자가 좋아할 줄 알았는데, 막상 완성을 하고 인도를 하려 하니 학교 선생님들은 정작 식물들로 채워진 공간들의 운영과 관리에 대해 난색을 표하고 사업을 추진한 교장선생님을 원망하기도 하는 것을 보게 되었다. 막상 우리 스스로 좋아하는 마음만큼 이용자들의 마음이 같을 순 없다는 것을 깨닫게 되었다. 그 다음으로 진행되는 프로젝트에서부터는 초반 단계에서부터 함께 선생님과 학생들로 이루어진 팀을 만들고, 디자인과 운영에 대한 아이디어를 내며 진행했다. 1년 을 주기로 마음풀 공간에서 이어갈 프로그램도 함께 만들었다.

감: 학교 선정은 어떤 방식으로 이루어졌나?

유: 디자이너와 서울시가 함께 선정했다. 식물을 교내에 들이기 적합한 공간을 가지고 있고, 마음풀을 구현할 열정과 의지를 가지고 있는지가 선정의 기준이었다. 차례대로 전일중학교, 동일여자고등학교, 정의여자고등학교에서 프로젝트를 진행했고, 지금은 서울시립문래청소년수련관과 보라매공원 회관에서 확산형 모델을 염두에 두고 진행 중이다.

마음풀 프로젝트 - 전일중학교

감: 마음풀에서 주안점을 둔 부분은 무엇인가?
-
유: 일반적으로 조경이 중요한 공간이라도, 전기, 설비, 통신, 소방 설비는 있어도 조경 설비는 갖춰져 있지 않은 경우가 많다. 궁극적으로 조경 설비를 갖춘 공간을 만들어야 한다는 생각을 항상 가지고 있었다. 훈데르트바서의 '나무입주자를 위한 주거다이어그램'을 상상하면 좋을 것 같다. 그러한 노력으로 인해 사람들이 느낄 수 있는 새로운 경험의 합을 만드는 것이 중요하다. 마음풀에서도 공간과 조경 그리고 설비를 함께 활용해 공간의 주 콘텐츠로 작동할 수 있도록 고려했다.

감: 공간과 조경, 설비를 활용해 새로운 경험을 끌어낸다는 부분에서 좀 더 구체적으로 듣고 싶다.
-
유: 예를 들어, 전일중학교에서는 천장에 관수관을 설치해 특정한 조건이 되면 식물 위에 비가 내리도록 했다. 흙에 묻히는 관수관을 천장에 단 것이다. 엄마나 선생님한테 혼났을 때 여기 앉아서 '비명'을 하게 하자는 취지였다. 넓은 잎, 찢어진 잎 등 잎의 모양이 다양하기 때문에 비가 떨어지며 다양한 소리도 만들어낸다. 모두가 다 비물질적인 콘텐츠이다. 사진속에선 담기지 않는다. 간지, 바이브, 감도 같은 비물질적인 공간디자인의 또다른 언어를 구성하는 축이라고 생각한다.

감: 이야기를 들어보니 각 학교 나름의 특징을 가지고 있을 것 같다.
-
윤: 동일여자고등학교의 경우에는 학생들이 자연의 소리로 디제잉하는 아이디어로 부터 시작했다. 디제이 부스와 같은 공간을 만들어 새소리와 물소리의 볼륨을 스스로 조절하기도 하고, 빗방울과 안개가 작동되는 스위치를 조작한다. 우리는 특수 스피커인 초지향성 스피커를 사용하는데, 직선으로만 진행하는 초음파에 소리를 태우는 원리이다. 소리가 직진하며 딱딱한 표면을 만나면 반사, 굴절되어 입체적인 음향효과를 일으킨다. 그래서 실제 공간을 거닐다 보면 새가 내 주위를 돌아다니며 재잘거리는 착각을 하게 된다. 현재 진행 중인 또다른 프로젝트에는 오디오인터페이스와 연결해 새, 물, 매미, 바람 소리와 같은 자연의 소리를 이용자 스스로 믹싱하여 그 효과를 즐길수 있도록 하고 있다.

감: 빗방울 떨어지는 원리는 어떻게 만드는 것인가?
-
유: 솔레노이드 밸브와 동작감지 센서를 연결한다. 특정한 상황, 특정한 신호에 맞춰 밸브를 풀었다 조이고, 물의 흐름을 조절할 수 있도록 설계했다. '어둡다, 밝다, 주변이 시끄럽다, 거리가 가깝다, 사람의 움직임이 많다'와 같은 상황에 따라 물의 흐름을 변하게 하는 등 여러 가지를 조절할 수 있다. 요즘은 센싱 기술이 비싸지 않아 가벼운 마음으로 사용할 수 있다.

마음풀 프로젝트 -
동일여자고등학교

감: 외부에 있는 자연 그대로를 느끼는 것과 실내에서 정밀하게 설계된 자연을 느끼는 것 사이에는 어떤 차이가 있다고 생각하나?
-
유: 공간브랜딩이라는 말이 요즘 정말 많이 사용되는데, 공간에서 느낀 경험의 총합, 그것이라 생각한다. 그것을 통해 공간속에 하나의 분리된 세계관을 심는 것이라고 생각한다. 조명과 음향과 공간의 여정안에서 촘촘하게 경험으로 짜여진 자연의 힘은 실외에서 스치듯 지나치는 장소들과는 분명히 다른, 콘텐츠로서의 힘이 있다고 생각한다.

감: 건축을 하다 조경 분야로 넘어온 이유가 궁금하다.
-
유: 20세기 근현대 조경의 대가 피터 워커의 작업인 테너파운틴 Tanner Fountain를 봤다. 일반적으로 건축가가 설계하는 방식이라면, 물을 담는 수반의 형상이 디자인의 대상이 될 수 있을 것 같다. 그러나 조경가 피터 워커의 표현 방식은 달랐다. 돌, 자연, 물, 사람이 모두 한 공간안에서 경계 없이 담겨져 있다. 죽은 재료를 다루는 방법과 살아있는 재료를 다루는 방법이 분명 다를 것이라 생각했고, 그런 방식이 나의 디자인 도구가 된다면 표현 방식도 달라질 거라 생각했다.

'살아있는 것을 디자인한다' 라는 뜻의 '라이브스케이프'라는 회사명은 유학 때부터 생각했다. 조경을 하지만, 나무 심고, 돌 놓고, 물길을 디자인하는 것 보다 나에겐 각 요소들의 살아있는 상태들과 현상들을 드러내는 것이 매우 중요하다. 살아있는 성질을 잘 작동하게 하는 것과 나무가 잘 자라도록 하는 것은 분명 다르다. 생태라는 것도 결국은 살아있는 상태를 뜻하는 것이라 생각한다. 바이오필릭 디자인이라고도 한다.

감: 라이브스케이프의 설계 과정은 바이오필릭 디자인, UX 디자인, 콘텐츠 디자인으로 나뉘어져 있다. 세 가지 디자인에 대한 설명을 부탁한다. 먼저, 바이오필릭 디자인은 무엇인가?
-
유: 바이오필릭 디자인은 '살아있는'의 바이오와 '좋아하는'의 필리아가 합쳐진 말이다. 살아있는 것을 좋아하는 게 사람의 속성이다. 사람이 조경, 식물, 새싹 등 살아있는 것을 좋아하는 이유는 우리 모두가 스스로 살아있기 때문이다. 제 아무리 아름다운 이성이라도 만일 그분이 시체라면 우리가 1%라도 호감을 가질 수 있을까? 미국의 생물학자 에드워드 윌슨이 이야기한 이론으로, 디자인으로 다양한 방식으로 적용하고자 한다.

감: UX 디자인은 사용자 경험 디자인으로 풀이된다. 조경의 접하는 경험을 계획하는 것인가?
-
유: UX User Experience 디자인은 어떤 경험을 제공 전달할 것인가의 문제다. 사람들은 조경을 설치하면 키우는 경험에 대해서만 이야기한다. 하지만 조경을 심을 때부터 경험은 작동한다. 마음풀에서의 UX 디자인은 씨드페이퍼라는 문구로부터 시작한다. 시드페이퍼에 '라벤더: 마음이 아플 때는 밴드 대신 라벤더', '바질: 얘들아, 나 좀 바질!', '세이지: 날 맛보면 힘이 생기지'와 같은 편안하게 접근되는 문구를 넣었다. 학생들이 식물을 대하는 경험을 문구로부터 시작하게 하는 것이다. 이후 씨앗이 발아하면 싱크대 공간에서 모종판에 넣고, 식물이 잘 크면, 공간의 한가운데 있는 플랜트 테이블에도 옮겨 심고, 밖에 있는 숲으로도 가져가고 하는 방식으로 식물과 함께 자라는 경험을 하게 한다. 대부분이 식물을 키우는 건 좋아하지만 흙을 묻히고 쪼그려 앉는 건 좋아하지 않는다. 이러한 부정적 경험들을 덜어주어 아이들에게 식물을 심고, 키우는 일련의 과정을 번거롭지 않고, 즐겁게 만들어 주는 것또한 마음풀에서 구현한 경험디자인이다.

감: 콘텐츠 디자인도 구체적인 예시를 들어 설명해주면 좋을 것 같다.
-

유: 광화문의 미국대사관, 대한 민국에서 미국을 상징하는 공간으로 이곳 만한 곳이 있을까 싶은데 비자 인터뷰를 위해 두어번 가본 적이 있다. 서울 한가운데에 있지만. 거기만큼 미국의 본토 느낌이 강하게 나는 곳이 없다. 창살과 문, 손잡이, 게시판의 문구들. 무미건조한 폰트들과 각종 집기들. 심지어 뱅크오브아메리카 ATM 머신까지. 그 압도적인 미국영토스러움 은 문을 열면 다른 세상. 미국이라는 콘텐츠를 잘 드러낸다.

아마도 지구촌 어느곳에서든 미국만의 관공서 메뉴얼에 따른 정부 조달품목의 자재들을 사용하다보니 그렇게 우연히 나타난 결과이기도 하지만 어느정도 그들이 의도한 것도 있으리라 생각한다. 그 결과 문을 열면 다른 세상이 나온다. 차곡 차곡 쌓여진 경험들이 합해지는 순간이다.

세계관의 싸움. 문밖과 다른 세상을 만드는 일. 이곳만의 다른 이야기를 세우는 일과 그것을 분명하게 드러내는 일. 그것이 앞으로의 공간 기획의 일에서 중요한 일이 될 수밖에 없다.

감: 바이오필릭 디자인, UX 디자인, 콘텐츠 디자인을 모든 프로젝트에 구현하는 게 쉽지만은 않을 것 같다. 조경에서 이러한 디자인 방법들이 어떠한 방식으로 녹아 들어갈 수 있을까?
-

유: 조경의 한자는 조각의 '조' 경치의 '경'이다. '경치를 조각한다'는 뜻이고, 이는 자연의 형상을 모방한다는 말이다. 자연의 '형상'을 넘어, 자연에서 벌어지는 현상을 보여주는 드러내는 일을 하고 싶다. 자연에 대한 인지를 새롭게 하는 것, 자연을 새롭게 경험하는 것을 늘 염두에 두고 있다.

감: 사실 라이브스케이프는 선도적인 기술을 보여주는 조경사무소라 생각했는데, 경험 설계가 우위에 있고 이를 실현하기 위해 기술을 사용하고 있다. 조경업이 나아가야 할 방향은 무엇이라 생각하는가?

유: 조경가들이 종종 자연과의 동거를 꿈꾼다는 말을 한다. 사실 할 필요가 없는 말이다. 조경은 자연을 매개로 하는 행위고, 화분 하나를 실내에 들이기만 해도 자연과의 동거가 아닌가? 허황된 말잔치요, 쓸모없는 사변이라 생각한다. 나는 조경의 반경과 영역을 확대하고 싶다. 나는 조경의 반경과 영역을 확대하고 싶다.

감: 궁극적인 라이브스케이프의 지향점은 무엇인가?
-

유: 건축, 인테리어, 조경, UX, 디자인, IoT, 서비스 분야를 모두 아우르며 '자연을 주제로 하는 공간을 만들어나가는' 사무실이 되고 싶다. 건축이 선행된 후 조경, 사이니지 디자인 순으로 프로젝트를 진행하는 게 아니라 총체적으로 접근하는 곳.

©ANMADANG STUDIO

유승종
라이브스케이프 대표다. 한국과 미국에서 건축과 조경을 공부하고 일했으며, 건축이 생각하지 못하는 조경의 이야기를 조경이 꿈꾸지 못하는 건축의 방법으로 한자리에서 펼쳐보고자 한다. 전통적인 영역에서의 조경프로젝트사업뿐 아니라 공간안에서 자연을 주제로 하는 콘텐츠의 줄기를 세우는 일에 보람을 느끼고 있다.

2

TECHNOLOGY OF INDOOR LANDSCAPE

Types

실내에서 키우기 좋은 대표 수종 29가지

실내는 환경 조건의 제약이 많지만 수종에 따라 적합한 환경을 조성해 준다면 식물이 성장하는 데 무리가 없다. 가령 식물생육에 양호하다고 여겨지는 광량은 2000lux[1] 이상이지만, 관엽식물 중 1000lux 이하에서도 성장하는 종이 있다. 최소 조건으로도 실내에서 키우기 좋은 대표 수종 29가지를 광량 조건에 따른 실내 구역별로 소개한다.
글 허보경

볕이 잘 드는 창가, 베란다에서 키우기 좋은 식물

1 떡갈잎 고무나무
Ficus lyrata

서아프리카가 자생지인 떡갈잎 고무나무는 키가 크고 윤기 나는 넓은 잎을 가져 실내 공간을 풍부하게 만들어 준다. 아름다움에 더해 그늘에서도 잘 자라는 강한 생명력 때문에 인기가 많다. 최적의 환경에서는 최대 2m 높이까지 자라지만 빛의 양이 적으면 잎이 떨어지고, 추위에 약하다.

🌡 16~20°C   💧 40~70%

2 벤자민 고무나무
Ficus benjamina

벤자민 고무나무는 윤이 나는 초록색 잎이 무성하여 공간을 건강한 초록 분위기로 채워준다. 배기가스와 같은 실외 유독물질을 제거하는 기능이 있어 가정에서 인기가 많다. 자연광을 은은하게 쬐어주고, 습도를 유지해주면 1.5m 높이까지 자라기도 하고, 30년 이상 키울 수도 있다.

🌡 21~25°C   💧 40~70%

---

[1] 화창한 날의 북쪽 창가가 대략 2000lux이고, 신문의 작은 글자를 조명 없이도 읽을 수 있는 정도는 500lux이다.

실내에서 양지 혹은 반양지라고 할 수 있을 만큼 볕이 잘 드는 곳에서 키울 수 있는 수종을 소개한다.
이 식물들은 맑은 날에는 1000lux 이상의 자연광을 반나절 동안 쬐어 주고, 실외 바람을 맞게 해주어야 한다.

3 벵갈고무나무
Ficus benghalensis

벵갈고무나무는 성인 손바닥보다 큰 타원형의 넓적한 잎이 겹친 형태로 이국적인 느낌을 낸다. 추위와 높은 습도를 싫어하니, 빛이 한 번 걸러져 들어오고 따뜻한 베란다 안쪽이나 거실에서 키우면 좋다. 다른 고무나무 종과 같이 미세먼지나 유독물질 제거 능력이 뛰어난 공기 정화 식물이다.

🌡 21~25°C   💧 40~70%

©Farhad Ibrahimzade

5 몬스테라 아단소니
Monstera adansonii

잎에 구멍이 송송 뚫린 몬스테라 아단소니는 초보자가 키우기 쉬워 '몬스테라 델리시오사'와 함께 많이 찾게 되는 종이다. 되도록이면 실내 온도를 13°C 이상으로 유지하고 습도를 조절해주는 것이 좋다. 덩굴성이며 성장 속도가 빠르기 때문에 공간에 따라 어울리는 수형을* 잡아가는 재미가 있다.

🌡 16~20°C   💧 70% 이상

4 대나무야자
Chamaedorea seifrizii

멕시코가 자생지인 대나무야자는 대나무처럼 생긴 가는 줄기가 모여 다발 형태를 이루고, 실내에서 최대 1.5m 높이까지 자라기도 한다. 이국적인 분위기를 연출할 수 있는 데다, 병충해에 강하고 그늘에서도 잘 자라는 만큼 관리가 쉬워 가정은 물론이고 상업 공간에서도 많이 찾는다.

🌡 16~24°C   💧 40~70%

6 소철
Cycas revoluta

소철은 높이 1.5m까지도 자라는 나무이며, 중심부에서 깃털처럼 뻗은 잎들로 인해 이국적인 느낌이 난다. 공기정화 능력이 뛰어나고, 온실이나 집 안에서 가꾸는 관상수이다. 21~25°C의 따뜻한 온도를 좋아하고, 40~70% 습도에서 키우는 것이 적합하다. 다육식물과 비슷하게 아랫부분 줄기에 물과 영양분을 저장하며, 햇빛을 좋아한다.

🌡 21~25°C   💧 40~70%

볕이 잘 드는 창가, 베란다에서 키우기 좋은 식물

7 쉐플레라 홍콩
Schefflera arboricola

'홍콩야자'로 잘 알려져 있는 쉐플레라 홍콩은 열대우림 지역이 자생지다. 따뜻하고 습기가 많은 환경에서 잘 자라고, 밝은 빛을 좋아한다. 적응력이 강하고 바닷바람에도 잘 견뎌 해안 조경으로 쓰이기도 한다. 사무실이나 집 안에서 키울 때 겨울에는 따뜻한 바닥이나 온기가 있는 곳에 두고 키우는 것이 좋다.

🌡 21~25°C 💧 40~70%

9 아레카야자
Dypsis lutescens

줄기와 잎이 황색이어서 '황야자'라고도 불린다. 1m 이상 자라고, 실내 습도를 높여주는 기능이 있으며 1.8m 이상의 아레카야자는 '천연 가습기'라고 불릴 만큼 가습효과가 뛰어나 건조한 공간에서 키우면 좋다. 높은 습도를 좋아하는 식물을 옆에 두어도 좋다.

🌡 21~25°C 💧 40~70%

8 아라우카리아
Araucaria heterophylla

호주, 뉴질랜드 인근의 노포크 아일랜드가 자생지인 아라우카리아는 '노포크 소나무'라고도 불리는 상록침엽수이다. 생선 뼈 같은 가지에 촘촘하게 잎이 붙은 우아한 자태를 가졌으며, 겨울철에 성탄절 트리로 연출할 수도 있다. 햇빛과 높은 습도를 좋아한다.

🌡 21~25°C 💧 40~70%

10 아이비
Hedera helix

별 모양의 잎을 가진 아이비는 덩굴성으로, 수형을 잡아가며 키우는 재미가 있다. 무늬가 있는 종과 함께 키우면 공간을 더욱 산뜻하고 감각적으로 연출할 수 있다. 키우기 적합한 온도는 16~20℃, 습도는 40~70%이며, 더운 것을 싫어하기 때문에 통풍이 잘 되는 공간에서 키워야 한다.

🌡 16~20°C 💧 40~70%

11 유주나무
Citrus margarita

유자나무와 탱자나무의 교배종이며, 사계절 내내 꽃을 피운다고 하여 '사계귤나무'라고도 불린다. 진한 꽃향기와 광택이 나는 잎, 주황색 열매를 맺으며 다채로운 매력을 보인다. 햇빛을 좋아하지만, 추위에 약하므로 해가 잘 드는 따뜻한 공간에서 키우는 것이 좋다.

🌡 18~23°C   💧 40~70%

13 틸란드시아 이오난사
Tillandsia ionantha

카풋 메두사, 하리시아이, 트리컬러, 셀레리아나 등 다양한 틸란드시아 중 이오난사는 시장에서 가장 자주 볼 수 있는 종이다. 자라면서 녹색 잎이 보라색으로 변하고, 보라색 꽃을 피운다. 밝은 햇빛과 바람을 좋아한다. 해발 1700m에서도 자생하는 식물이기에 비교적 추위에 강하다.

🌡 21~25°C   💧 40~70%

12 수염 틸란드시아
Tillandsia usneoides

공중에 걸어서 키울 수 있는 '에어플랜트'는 흙이 없어도 잎을 통해 영양분을 공급받을 수 있다. 다양한 틸란드시아 종 중에도 수염 틸란드시아는 이름처럼 재미난 모습을 가졌다. 스페인 남자들의 수염을 닮았다고 하여 '스페니시 모스 spanish moss'라고도 불린다. 창문이나 커튼을 거친 부드러운 햇빛과 높은 습도를 좋아하고, 포근한 온도에서 무난하게 잘 자란다.

🌡 21~25°C   💧 70% 이상

14 호야 카르노사
Hoya carnosa

'무늬 호야' 혹은 '왁스 플랜트 wax plant'라고도 불린다. 노란색 꽃을 피우며, 방향제만큼 꽃 향기가 진하다. 온도 변화에 민감하기 때문에 한 구역에서만 키워야 한다. 새집증후군을 일으키는 자일렌 성분을 제거하는 기능이 탁월하여 이사 선물로 좋다.

🌡 21~25°C   💧 40~70%

창을 통해 걸러진 햇빛이 들어오는 위치에서 키우기 좋은 식물

직사광선을 받지 않을 만큼의 거리인 따뜻한 곳에서 키울 수 있는 식물을 소개한다. 창이나 블라인드를 통해 두세 번 걸러진 은은한 빛이 들어오는 곳이 좋다.

1 아디안텀
Adiantum raddianum

고사리과 아디안텀은 브라질이 자생지이고, 남아메리카와 같은 따뜻하고 습한 공기를 좋아한다. 바람에 은은하게 흔들리는 잎은 물에 젖지 않는 성질을 가졌는데, 이 때문에 '물에 젖지 않는'다는 의미의 그리스어로에서 이름이 유래되었다고 한다. 차광이 있는 곳에서 키우기 적합하고, 잎의 습도를 유지해 주어야 한다.

🌡 21~25°C 💧 40~70%

3 필로덴드론 글로리오섬
Philodendron gloriosum

'영광스러운'이라는 수식어가 붙을 만큼 그림같이 생긴 짙은 녹색의 잎이 매우 매력적이다. 콜롬비아의 열대우림 하층부에서 자생하는 이 식물은 땅에 뿌리를 내려 빛을 찾아 스스로 기어 다니는 방식으로 살아간다. 강한 빛보다 은은한 빛을 좋아하기 때문에 해가 비껴가는 동향 또는 서향 창가 근처에서 키우기 적합하다. 빛을 잘 받아 성장하면 잎이 1m 이상까지도 커진다.

🌡 18~26°C 💧 70% 이상

2 칼라데아 아마그리스
Ctenanthe burle-marxii 'Amagris'

칼라데아 아마그리스는 인기 희귀식물인 칼라데아의 사촌 격인데, 칼라데아에 비해 비교적 키우기 쉬운 편이다. 길쭉하고 둥근 잎에 짙은 녹색의 잎맥은 누군가 그려 넣은 듯한 모습이고, 잎의 뒷면은 보라색을 띤다. 70% 이상의 습도를 좋아하고, 해가 거의 들지 않는 공간에서도 무난하게 잘 자란다.

🌡 18~23°C 💧 70% 이상

4 흰줄무늬달개비
Tradescantia albiflora Kunth 'Albovittata'

흰줄무늬달개비(트라데스칸티아는) 이름과 같이 녹색 잎에 흰색과 연두색 줄무늬가 감각적인 패턴을 이루고 있다. 덩굴성 식물이면서 줄기와 잎이 풍성하게 자라니, 바람이 잘 통하는 공간의 바닥이나 벽에 걸어 키우면 풍성하고 감각적인 녹음을 감상할 수 있다. 빛이 부족하면 무늬가 옅어질 수 있으므로 광량을 조절하며 키워야 한다.

🌡 21~25°C 💧 40~70%

5 바로크 벤자민
Ficus benjamina barok

바로크 벤자민은 광택이 나는 잎이 둥그렇게 말린 형태의 고무나무과 식물이다. 포근한 환경과 햇빛을 좋아하지만, 그늘에서도 잘 자란다. 추위에 약하기 때문에 겨울에는 창가에서 멀리 떨어뜨려 책상이나 장식장 위에 놓고 키우는 것이 좋다. 키가 작은 바로크 벤자민은 선반 위에 인테리어 포인트로 장식할 수 있고, 키가 크길 원한다면 빛을 많이 쬐어주면 된다.

🌡 18~26°C 💧 70% 이상

7 싱고니움 레드스팟
Syngonium podophyllum 'Red Spot'

싱고니움 레드스팟은 싱고니움보다 길쭉한 형태에 인디핑크색 물감을 칠한 것 같은 잎을 가졌다. 관상용으로 녹색, 연두색 잎의 싱고니움과 함께 키우기도 하며, 싱고니움 레드스팟 하나만으로도 공간에 개성을 더할 수도 있다. 따뜻한 온도와 높은 습도를 좋아하고, 빛의 양에 따라 무늬를 다양하게 연출할 수 있다.

🌡 21~25°C 💧 70% 이상

6 싱고니움
Syngonium podophyllum

싱고니움은 화살촉 모양의 잎에 색연필로 잎맥을 그린 것 같은 특징을 가졌다. 녹색 외에도 흰색, 빨간색, 자주색 등 50여 종의 다양한 싱고니움이 있다. 따뜻한 온도와 반그늘을 좋아해서 거실이나 사무실 환경에서도 무난하게 키울 수 있다. 추위를 싫어하지만, 겨울 베란다에서 잘 견디는 편이다.

🌡 21~25°C 💧 40~70%

8 금전수
Zamioculcas zamiifolia

일명 '돈나무'라고도 불리는 금전수는 돈이 들어온다고 하여 국내에서 개업식 선물로 인기 있다. 반음지에서도 잘 견디기 때문에 햇빛이 많이 들어오지 않는 공간에서도 쉽게 키울 수 있다. 초록색 또는 검은색 잎을 가진 재배종도 있는데, 검은색 잎을 가진 종은 빛의 양이 충분하지 않으면 잎이 초록색으로 변하기도 한다.

🌡 16~20°C 💧 40~70%

창을 통해 걸러진 햇빛이 들어오는 위치에서 키우기 좋은 식물

9 드라세나 마지나타
Dracaena marginata

드라세나 마지나타는 길쭉한 녹색 잎이 사방으로 뻗어 있어 이국적인 분위기를 연출할 수 있다. 건조함에 강하고 햇빛을 많이 필요로 하지 않아 드라세나 중에서도 키우기 쉬운 종이다. 공기 중 유해물질 제거 능력이 우수하고 습도 조절까지 가능하다.

🌡 21~27°C   💧 40~70%

11 테이블야자
Chamaedorea elegans

테이블에 올려놓고 키운다 하여 '테이블야자'라고 부른다. 병충해에 강하고, 페인트나 니스 같은 유독가스를 정화하는 데 탁월하여 이사 선물로 좋다. 반음지에서도 잘 자라지만, 양지에서 성장을 촉진시킨다면 최대 2m까지도 자란다.

🌡 21~25°C   💧 40~70%

10 스파티필럼
Spathiphyllum Schott

영어로 'Peace lily'라고도 불리우는 스파티필럼은 백합처럼 생긴 흰색의 꽃을 피운다. 넓은 면적의 녹색 잎이 여러 겹 겹쳐 자라는 형태다. 빛이 적고 저온인 환경에서도 잘 견디지만, 찬바람을 쐬면 잎이 말라 죽을 수도 있다.

🌡 18~32°C   💧 40~70%

12 몬스테라 델리시오사
Monstera deliciosa

열대우림에서 자생하는 몬스테라 델리시오사는 큰 나무를 타고 자라는 덩굴성 식물이다. 하트 모양에 찢어진 듯한 잎은 폭우나 바람에 잘 견딜 수 있는 구조로 발달한 것이다. 습한 환경을 좋아하기 때문에 가습기를 몬스테라 델리시오사 근처에 배치하거나 습도를 많이 내뿜는 식물과 함께 두면 좋다.

🌡 16~20°C   💧 70% 이상

그늘에서도 잘 자라는 식물

음지로 구분되는 500lux 이하의 광량, 즉 일조시간이 매우 적거나 자연광 없이 인공광만 있는 공간에서도 성장하는 식물을 소개한다.

13 산세베리아
Sansevieria trifasciata

인기 있는 공기 정화 식물인 산세베리아는 최대 70cm 높이로 자라고, 5~7월에 백합 향기와 비슷한 향을 가진 꽃을 피운다. 병충해가 거의 없고 건조한 환경에서도 잘 견딘다. 추위에 약하나 직사광에는 잎이 탈 수 있으니 방이나 거실에서 키우는 것이 좋다. 다육식물의 일종으로 잎 자체에 물을 저장하는 기능이 있으니, 과습에 주의해야 한다.

🌡 21~25°C 💧 40~70%

2 휘커스 움베르타
Ficus umbellata

넓은 하트 모양의 잎을 가졌고, 산소 발생량이 높아 '산소 탱크'라는 별명이 있을 정도다. 열대 아프리카에서 자생하는 휘커스 움베르타는 따뜻하고 온도 변화가 심하지 않은 곳에서 무난하게 잘 자란다. 은은한 햇빛에서 잘 키울 수 있으며, 이 식물에게 적합한 환경이 갖춰지면 높이 1m 이상 자라기도 한다.

🌡 18~29°C 💧 40~70%

1 스킨답서스
Epipremnum aureum

스킨답서스는 공기 정화 능력이 탁월하면서도 인공광 아래에서도 잘 자라기에 사무실이나 가정에서 많이 찾는 식물이다. 미세먼지는 물론이고 일산화탄소 제거 능력도 뛰어나 주방에서 키우기에 좋다. 덩굴성 착생식물이라 큰 나무를 감고 오르며 자라지만, 실내에서는 공중에 화분을 매달아 줄기를 늘어뜨려 키우기도 한다. 잎이 초록색 또는 라임색인 단색 종과 연두색 얼룩 무늬가 있는 종이 있다.

🌡 21~25°C 💧 40~70%

Items

실내에서 식물을 키우기 위한 원예용품 유형

실내에서 식물을 키울 때 기본적으로 필요하고 식물의 환경을 더욱 섬세하게 조성해 주는 **24가지 원예용품을 소개한다.**

-
글 허보경

화분

식물이 성장하면 뿌리가 길어지고 굵어져 화분 안에 가득 차게 되는데, 이때 식물의 성장이 지속될 수 있도록 새로운 화분으로 교체해 주어야 한다. 식물이 좋아하는 환경에 따라 선택할 수 있는 다양한 소재의 화분을 소개한다.

플라스틱 화분
플라스틱 화분은 식물가게에서 식물을 구매할 때 처음 접하는 화분인 만큼 사용하기 편하다. 가격이 저렴하고 플라스틱 소재로 만들어져 가벼우며 깨질 우려가 적은 데다 배수 기능도 탁월하다. 게다가 다양한 색과 형태로 대량생산되어 선택의 폭이 넓다. 최근에는 환경오염으로 인해 플라스틱을 대체한 소재의 화분이 생겨나고 있다.

도자기 화분
도자기 화분은 흙(점토)을 빚어 모양을 내고 유약을 발라 가마에 굽는 방식으로 만든다. 흙의 종류와 유약 처리에 따라 색과 광이 다르게 나타나며, 형태와 페인팅 방식에 따라 단아하거나 현대적인 느낌을 낼 수 있다. 크기가 큰 도자기 화분은 통기성이 낮고, 소재 특성상 깨지기 쉽다.

토분

토분은 도자기보다 낮은 온도에서 굽고, 유약 처리를 하지 않거나 초벌구이를 해 만든다. 우리가 익히 아는 유물 '토기'와 유사하고, 테라코타^{terracotta}라고도 하며, 굽는 온도에 따라 황색, 적색, 갈색 등으로 표현된다. 이탈리아나 독일 등 유럽에서 활용되던 토분이 국내에는 일명 '빈티지 토분'으로 유행했고, 친환경 소재라는 점에 더해 토기 질감이 멋스러워 요즘에도 인기가 높다. 수분 흡수력이 좋기 때문에 과습을 주의해야 하는 식물을 키우기에 적합하다.

테라조^{terrazzo} 화분

테라조는 대리석, 화강암, 석영, 유리 등의 조각을 모아 시멘트와 혼합하여 만든 인조석이다. 가격이 저렴하면서도 대리석과 유사한 느낌을 낼 수 있어 소비자에게 인기가 있다. 고전적이면서도 고급스러운 연출이 필요할 때 유용하지만, 무겁고 깨지기 쉽다는 단점이 있다.

FRP Fiberglass Reinforced Plastic 화분

FRP는 유리섬유와 수지^{resin}를 결합하여 만든 섬유강화플라스틱이다. 성형이 쉽고, 매끄럽거나 울퉁불퉁하게 겉면 마감을 다양하게 표현할 수 있어 도자기 혹은 시멘트 화분처럼 보이기도 한다. 생김새와 달리 무게가 가벼워서 나무와 같은 수종을 심기 좋다. 젖은 천으로 닦아주는 정도의 관리만 하면 되지만, UV광선에 약하므로 지속적인 직사광선은 주의해야 한다.

시멘트 화분
시멘트 화분은 마감에 따라 빈티지 혹은 현대적인 느낌을 연출할 수 있다. 하지만 시멘트라는 소재 특성상 바람이 통하지 않아 물이 잘 마르지 않고, 매우 무겁다. 실내에서 사용할 시멘트 화분을 구매할 때는 물받이가 있는지, 이동에 어려움이 없는지 등을 고려해야 한다.

라탄rattan 화분
야자과의 외떡잎 식물인 라탄이나 라탄과 다른 재료를 혼합하여 만든 화분이다. 나무의 질감과 색상이 그대로 표현되어 자연스럽고 부드러운 느낌이 있다. 줄기를 엮어 만들었기 때문에 틈이 있어 흙이 샐 수 있고, 습기로 인해 변색되거나 곰팡이가 생길 수도 있다. 이러한 이유로 내부에 비닐을 활용하거나, 화분 겉면을 장식하는 용도로 쓰기도 한다.

철제 화분
금속metal 재료로 만들고, 마감에 따라 빈티지 혹은 현대적인 느낌을 연출할 수 있다. 가격이 비싸고, 직사광에 장시간 노출될 경우 화분이 뜨거워지기 쉬우며, 통풍이 잘 되지 않는다. 그러나 변형이 적어 오랫동안 사용할 수 있고 녹슬면서 화분 겉면에 매력적인 흔적이 생긴다. 물을 줄 때 스미는 철분이 영양제 역할을 하기도 한다.

흙

식물을 키울 때 광량, 습도, 바람을 최적의 조건으로 제공하더라도 토양에 문제가 생기면 식물 생장에 영향을 끼친다. 건강한 토양을 조성하기 위해 적합한 흙과 돌의 종류를 살펴본다.

배양토(혼합토, 배합토)

피트모스, 코코피트, 펄라이트, 훈탄, 퇴비 등의 소재를 식물 배양에 적합한 비율로 섞어 만든 흙을 배양토라고 한다. 시중에서 '원예용 상토'나 '분갈이 흙'이라는 명칭으로 판매하는 흙 모두 배양토를 의미한다. 앞서 언급한 소재의 혼합 비율에 따라 토양의 특성이 달라지고, 배수력과 보수력, 통기성, 영양분을 갖도록 혼합한다.

부엽토

낙엽이나 작은 가지들이 미생물에 의해 부패 및 분해된 흙을 의미하며 '부식토'라고도 한다. 원예에서 가장 흔히 사용되는 흙이고, 유기물질을 활용하여 흙을 비옥하게 만드는 원리이다. 부엽토는 수분 보존력이 뛰어나고 영양이 풍부하다.

펄라이트

용암이 급격하게 냉각되면 수분을 머금은 채로 굳게 되고, 이 돌을 가열하면 수분이 빠져나온다. 이때 돌이 팽창하면서 원래의 부피보다 커지는데, 이렇게 만들어진 돌을 펄라이트라고 한다. 비어 있는 틈이 많아 가볍고 배수성과 통기성이 좋다. 진주pearl 같은 광택이 나서 흙 위에 깔아 장식할 수도 있다.

마사토

화강암이 풍화되어 만들어진 흙이며, 작은 돌멩이에 가깝다. 입자 굵기에 따라 순서대로 매우 가는 것(세립, 1~2mm), 작은 것(소립, 3~5mm), 중간 것(중립, 5~10mm), 굵은 것(대립, 10~14mm)으로 구분한다. 용도에 따라 적절한 것을 골라 사용하면 된다. 배양토에 소량의 마사토가 들어 있는데, 실내 식물에게 필요한 풍기성과 배수력을 위해 분갈이 시 마사토를 흙에 섞어 넣기도 한다.

난석
난초를 심을 때 사용하여 난석이라고 부른다. 일본의 휴가(日向)라는 지역에서 주로 나온다고 하여 '휴가토'라고도 부른다. 마사토 대용으로 많이 쓰이며, 돌에 미세한 구멍이 많아 배수와 통풍, 수분 조절 능력이 탁월하다. 이러한 이유로 난 식재 외에 다른 화초의 분갈이 시 배수층으로 사용하거나 삽목에 활용하기도 한다. 게다가 가볍기 때문에 공중에 걸어 키우는 식물의 화분 무게를 줄여준다.

바크 bark
'우드칩 woodchip'이라고도 부르는 바크는 나무껍질을 높은 온도로 쪄 만든 부산물이다. 매우 가볍고 배수, 통풍, 보수력이 뛰어나지만, 쉽게 썩기도 한다. 해수에 젖지 않기 때문에 염분으로 인한 피해나 해충이 생길 우려가 적다. 나무의 뿌리 주변에 뿌리면 나무껍질 향이 나는 특징이 있다.

하이드로볼
하이드로볼은 황토를 구워 만들었으며, 국내에서는 '황토볼'이라고도 부른다. 가격이 비싸지만, 자잘한 구멍이 나 있어 가볍고 배수성과 통기성이 뛰어나다. 수분을 저장하는 기능까지 탁월하여 토양이 없는 환경에서도 영양 공급이 가능하다. 이 때문에 수경재배나 테라리움에 활용하기도 한다.

에그 스톤
달걀 모양을 하고 있어 '에그 스톤'이라고 부른다. 국내에서는 '왕자갈'이라고도 부르며, 작게는 직경 20mm부터 크게는 90mm까지도 있다. 조약돌이나 하얀색 자갈 등 다양한 돌과 섞어 화분 위를 장식하는 용도로 사용한다.

화산석
화산 활동으로 생성된 현무암을 화산석이라고 말한다. 천연 그대로의 소재이자 자연스러운 표면이 특징이다. 구멍이 많아 가볍고 강도가 높으며, 배수성과 통기성도 뛰어나고 변질과 변색 우려가 없다. 이러한 장점으로 인해 조경, 인테리어, 수족관 등 여러 방면에서 사용된다. 분갈이 시에 마사토 대용으로 사용하거나, 화분의 꾸밈 돌 용도로 활용하기도 한다.

도구

원예 도구는 쓰임에 따라 형태와 기능이 무척 다양하다. 식물의 특성에 맞게, 적재적소에 사용할 수 있는 원예 도구의 명칭과 쓰임새를 알아본다.

모종삽
흙을 옮겨 담거나 어린 식물을 심을 때 사용하는 손바닥 크기의 삽이다. 용도에 따라 삽 머리 부분의 각도와 너비가 조금씩 다르고, 쇠 또는 플라스틱 소재의 삽이 있다. 실내 원예용으로는 한 손으로 가볍게 쥘 수 있는 크기와 무게의 모종삽을 사용하는 것이 편하다.

원예 가위
주로 식물의 줄기, 잎, 가지를 자르는 데 사용하고 과수용 가위, 조경가위, 꽃가위, 전지가위 등 다루는 수종에 따라 필요한 가위의 종류도 다양하다. 굵은 가지를 자를 때는 자르는 힘이 강한 가위가 필요하고, 가지가 많은 나무를 관리할 때는 각도 조정이 가능한 디자인의 가위가 필요하다. 손목이 편하면서도 식물에게 상처를 내지 않을 수 있는 디자인을 선택해야 한다.

물뿌리개
식물에게 물을 줄 때 사용하는 도구이다. 수종에 따른 물의 양과 화분 개수를 고려하여 적정한 용량의 물뿌리개를 사용해야 한다. 예를 들어, 물 나오는 구멍이 너무 크면 한번에 많은 양의 물이 쏟아지고 흙이 화분 바깥으로 튀게 된다. 물을 적게 주어야 하는 다육이나 작은 화분은 아주 가는 물줄기의 물뿌리개가 적합하다. 최근에는 사용자의 편리함을 고려한 디자인의 물뿌리개도 등장하고 있다.

분무기
용기에 든 액체를 안개처럼 분사하는 도구이다. 식물의 잎이나 공중에 매단 식물에게 물을 분무하여 습도를 조절하거나 물을 공급할 수 있다. 아레카야자나 아스파라거스처럼 습도 조절이 중요한 식물에게 꼭 필요하다. 약품을 활용하여 병충해를 막는 데 사용할 수도 있다. 최근에는 핸들 작동의 피로를 덜고자 압축된 공기를 이용하는 압축 분무기, 충전하여 사용하는 자동 분무기가 등장했다.

원예용 갈퀴
원예용 갈퀴는 굳은 흙을 긁어내거나 정리할 때, 분갈이 시 식물의 뿌리를 풀어낼 때 필요하다. 플라스틱 소재의 갈퀴는 부러지기 쉽기 때문에 쇠로 만들어진 갈퀴를 사용하는 것이 좋다. 손으로 쥐고 힘을 주어 장시간 사용해야 하기 때문에 적당한 무게의 편안한 그립감이 중요하다.

벨크로타이
벨크로velcro는 탈부착이 가능한 기능성 테이프를 뜻한다. 실생활에서 사용하는 제품과 달리 식물을 위한 원예용 벨크로타이가 등장했다. 식물의 수형을 잡을 때 와이어나 노끈을 사용하면 식물의 줄기에 상처를 낼 수도 있다. 그러나 원예용 벨크로타이는 부드러운 소재로 만들어져 식물이 다치지 않도록 쓸 수 있다. 게다가 초록색이나 갈색으로 생산되어 식물의 줄기나 가지에 감았을 때 위화감이 없는 디자인이다.

장갑
원예용 장갑으로는 목장갑, 고무장갑, 라텍스장갑 등 다양한 재질이 있다. 원예용 장갑의 기능으로는 방수 기능과 신축성, 통기성이 필요하고, 손목에 밴드가 있어 쉽게 벗겨지지 않으면서 흙이 들어가지 않아야 한다. 다루는 식물의 종류와 상황에 따라 필요한 소재와 디자인의 장갑을 선택하면 된다.

Items

©BLUEHOUR

실내에서 식물을 키우기 위한
도구와 제품들

식물이 자라는 환경을 다채롭게 만들어 줄 제품을 소개한다. 흙을 빚어 만든 토분부터
독특한 소재의 화분, 아이디어가 돋보이는 재배 방식까지 다양한 경험을 해보자.

-
글 허보경

흙으로 빚어 자연스러운 멋을 가진
토분과 세라믹 화분

스프라우트SPROUT의 문팟Moon pot
스프라우트는 "가장 나다운 공간 속 자연스러운 움직임이 움트다"라는 슬로건을 바탕으로 자연을 담는 화기를 제작한다. 스프라우트의 문팟은 전통 달항아리 형태에 화기의 기능을 더하여 재해석한 디자인으로, 둥근 곡선이 유려하게 떨어지는 점이 특징이다. 따뜻한 크림 색상의 소지로 이루어진 외관은 부드럽고 고운 질감이며, 소지의 텍스처가 살아있어 미세한 검은 알갱이들이 보인다. 화기의 내부는 유약으로 인해 차분하고 오묘한 진주빛을 띤다. 달을 닮은 문팟은 단아하고 소담한 난을 식재하면 그 매력을 더욱 즐길 수 있고, 해가 잘 드는 곳에 두면 다양한 빛깔로 빛나 더욱 즐겁게 감상할 수 있다.

제네스포터리Jeunesse Pottery의 팔각분과 유약분
제네스포터리의 모든 제품은 강정묵 도예가가 직접 손으로 빚어 만든다. 새로움을 추구하기 때문에 매주 새로운 토분을 만들며, 지금까지 1000여 개의 디자인을 선보여 왔다. 일반적인 토분은 두툼한 데 비해, 제네스포터리에서 제작하는 토분은 날렵하고 얇은 형태와 정교함이 특징이다. 서로 다른 매력의 팔각분과 유약분 모두 제네스포터리에서 제작된 토분이다. 팔각분은 두 가지 소지를 마블링 기법으로 제작했고, 둥근 유약분은 입자가 거친 화이트 소지로 제작하여 독특한 질감을 느낄 수 있으며 입구에 옐로우 색상으로 포인트를 주어 유약을 처리하였다.

카네즈센Karnezcen의 램프팟
카네즈센은 흙이라는 재료를 통해 새로운 영감을 줄 수 있는 식물의 공간을 제안하고, 가드닝부터 라이프스타일 소품까지 다양한 오브제를 디자인한다. 카네즈센에서 처음 선보이는 유약팟인 램프팟은 "나를 비추는 작은 빛"이라는 의미를 담아 제작되었다. 빛의 조도와 명암에 따라 다채로운 컬러가 나타나는 금속 느낌이 나는 유약으로 스프레이 시유를 통해 마감하였으며, 브론즈, 골드브라운, 블랙으로 구성된다. 조형미가 돋보이고 크기가 작으며 개성 있는 아프리카 자생지 식물을 식재하였을 때 가장 근사한 조합을 만들어 낼 수 있다.

©Jeunesse Pottery

©SPROUT

©Jeunesse Pottery

©Karnezcen

독특한 소재와 기법으로 만든
디자인 화분

나베나베페누아NaveNaveFenua의 치코.화분Chico.pot.shade

나베나베페누아는 '달콤한 땅'이라는 의미로, 일상에 달콤한 포인트가 되는 오브제들을 만든다. 인체의 일부분을 표현한 화병과 화분을 주로 만드는데, 그 중 '치코.화분'은 중성적인 토르소torso로 표현되어 다양한 무드에 잘 어우러진다. 치코 화분에 심기 좋은 식물로는 뿌리가 살짝 드러나는 '미니 멕시코 소철'이나, 높게 뻗은 줄기에 독특한 무늬가 있는 '제브리나 알로카시아'를 추천한다.

머지Merge의 버블 머그Bubble mug

머지의 첫 번째 아이템인 버블 머그는 관습적 사고방식을 깨뜨리는 초현실주의 기법 데페이즈망Dépaysement에 기초하여 제작하였다. 일상에서 누구나 쉽게 발견할 수 있는 머그잔을 재치 있는 발상을 통해 새로운 오브제로 재탄생시킨 제품이며, 재단부터 완성까지 모두 수작업으로 제작한다.

버블 머그는 기본적으로는 연필꽂이로 사용할 수 있고, 작은 화병이나 화분의 커버로도 쓸 수 있다. 패브릭을 자주 다루는 사람은 핀봉, 혹은 핀을 활용해 간단한 메시지나 체크리스트가 적힌 종이를 고정하는 등 사용자의 영감을 담아 자유롭게 사용할 수 있는 유기적인 형태이다.

메브meb의 화분옷Pot cloth

메브는 프랑스어로 "mer et bois", 즉 '바다와 숲'이라는 의미이다. 메브는 "사랑하는 당신 그리고 자연을 위해"라는 슬로건을 바탕으로 모든 제품을 지속가능한 소재로 만들고자 노력한다. 대량생산이 아닌 수작업 방식으로 제작하며, 패키지 또한 재사용 가능하다. 2021년, 직조하고 남겨진 실과 양모를 다시 쌓아 바느질한 화분옷 컬렉션을 시작으로, 2022년부터는 남겨진 비닐봉지를 자르고 엮어 만드는 지속가능한 수공예sustainable weaving 컬렉션을 전개하고 있다.

블루아워 BLUE HOUR의 터프팅 화분

'블루아워 blue hour'는 해 지기 직전과 해 뜨기 직전의 푸른빛과 분홍빛이 오묘하게 섞이는 찰나의 순간을 의미한다. 2016년에 서울을 기반으로 문을 연 블루아워는 위빙 weaving과 터프팅 tufting, 도자기 작업을 통해 일상 속에서 쓰이는 아름다운 것들을 만든다.

블루아워의 터프팅 화분은 플라스틱 몸통 겉면에 터프팅 기법으로 작업한 원단을 감싼 화분이다. 폭신폭신한 질감의 원단으로 두른 화분에 식물이 어우러져 공간에 독특한 시각적 재미를 불어넣어 준다. 같은 도안으로 재생산하지 않고 단 하나밖에 없는 디자인으로 만드는 수공예품이며, 처음부터 마무리 단계까지 모든 과정을 수작업으로 진행한다.

캄웨이브 calmwave의 플러피 Fluffy

캄웨이브의 플러피는 계속 만지고 싶은 부드러운 촉감의 퍼로 제작된 화분이다. 플러피는 염색 공정이 들어간 원단의 다채로운 색감 조합이 포인트이며, 소중하고 개인적인 공간에서 오브제의 역할을 한다. 실험적인 퍼 소재가 독특하지만, 화분에 물을 줄 때 젖지 않을까 고민될 수도 있다. 그러나 천이기 때문에 물이 마르면 변형 없이 복구된다. 플러피에는 화분을 매개로 마음을 전할 수 있는 "잔잔한 물결처럼 부디, 당신의 인생이 유연한 곡선으로 잔잔히 흘러가기를 바랍니다"라는 의미의 슬로건 텍 Slogan tag이 달려 있다. 침대 근처를 장식해줄 플러피에 잘 어울리는 식물로는 공기 정화 식물인 틸란드시아 이오난사를 추천한다.

파도의 거품들 Foams of Wave의 거품 정원 Foams Garden

페인터 겸 세라미스트 김성혜 작가가 운영하는 파도의 거품들은 작가의 손으로 직접 빚어 세상에 단 하나뿐인 유니크 피스 Unique Piece를 선보인다. 파도의 거품들의 화기 라인인 '거품 정원'은 화기와 어울리는 식물을 함께 식재하여 소개하고 있다. 작가가 직접 식물을 선택하고 식재하여 약 2~6개월 동안 가꾸어 선보이며, 하나의 마스터 피스를 소유하는 경험을 제안한다. '거품 정원'은 "황홀한 흙과 풀과 꽃의 세계를 펼치며, 거품 정원에 놀러 오세요"라는 슬로건으로 작가의 정원에 초대한다는 의미를 담고 있다.

©BLUE HOUR

©calmwave

©Foams of Wave

식물을 더욱 똑똑하고 재미있게
재배기와 식물조명

씨드키퍼 seedkeeper의 테이크아웃 씨앗키트 Takeout Seedkit
씨드키퍼의 테이크아웃 씨앗키트는 50종 이상의 씨앗 중 원하는 씨앗 5종을 직접 선택하여 나만의 씨앗키트를 만들 수 있는 제품으로, 실내외 재배가 가능한 56종 이상의 채소, 허브, 꽃 씨앗들을 함께 키울 수 있다는 점이 특징이다. 씨앗들은 단계별 발아·재배 난이도로 큐레이션 되어 개개인의 식물 경험과 취향을 고려해 자기만의 한 평 정원을 꾸릴 수 있다.

씨앗키트에는 씨앗을 발아시켜 새싹까지 기를 수 있는 기본적인 도구들이 모두 준비되어 있어, 식물을 키워본 경험이 전혀 없더라도 누구나 쉽고 간편하게 시작할 수 있다. 제품의 패키지로 사용된 펄프포트는 어린 새싹들을 화분으로 옮겨주기 전까지 임시거주지로 사용할 수 있어 좁은 공간에서도 효율적으로 씨앗 생활이 가능하다. 동전 만한 크기의 압축배양토는 물에 불려 간편하게 씨앗을 심은 후 나중에 화분에 통째로 심어주면 토양개량제가 될 뿐만 아니라 희귀 씨앗이나 미세 씨앗의 발아율을 높여준다.

클릭 앤 그로우 Click and Grow의 스마트 가든 3 The Smart Garden 3
2009년 에스토니아에서 설립된 클랙 앤 그로우는 전 세계 대학과의 기술 협력을 통해 식물의 성장 환경을 최적화하는 스마트 가든을 개발해 왔다. 그중 '스마트 가든 3'은 협소한 실내 공간에서도 신선한 허브와 채소를 재배할 수 있도록 돕는다. 스마트 가든에 식물 포드 plant pods를 삽입하고 자가 급수기에 물을 넣은 뒤 플러그를 꽂으면 최대 3주간은 식물에게 필요한 빛과 수분을 자동으로 공급할 수 있다. 클릭 앤 그로우가 개발한 식물 포드에 담긴 스마트 토양 smart soil은 GMO, 살충제, 기타 유해물질 없이도 빠르고 쉽게 식물을 키울 수 있도록 돕는다.

©seedkeeper

©Click and Grow

포레어FORAIR의 스마트가든월 Smart Garden Wall

삼성물산 조경사업팀에서 론칭한 포레어는 맑은 공기가 가득한 숲을 실내로 들여와 사용자로 하여금 숲속에서 누리는 힐링을 일상에서도 누릴 수 있도록 하자는 슬로건을 가진 프리미엄 실내 조경 브랜드이다.

포레어의 스마트가든월은 실내 수직 정원을 실현하는 전자기기임과 동시에, 인테리어 포인트로서 활용하기 적합한 플랜테리어 가전이다. 오염된 공기를 흡입하여 자연의 방식과 유사한 바이오필터를 통해 정화하고, 내장된 식물을 자동으로 생육(물·바람·빛 공급)하는 시스템을 갖췄다. 현재는 스파티필름, 아글라오네마, 필로덴드론 등 공기정화 능력이 뛰어난 15종류의 관엽식물을 제공하며, 점차 식물 종류를 늘려갈 예정이다.

1500형, 1900형, 2300형 총 세가지 높이의 타입이 있으며, 외장 프레임은 두 가지 색상(블랙, 화이트), 하단부 패널은 다섯 가지 색상(블랙, 화이트, 빈티지그린, 베이지, 클래식 블루)으로 구성된다.

히포팜텍HIPPO Farmtech의 AUF30

1997년에 설립된 조명 기업 디에스이에서 선보인 브랜드 히포팜텍은 대중에게 '식물이 좋아하는 조명'으로 알려져 있다. 히포팜텍의 제품은 기존 식물 조명의 단일파장 색상을 보완하여 자연광의 풀 스펙트럼 주백색 빛으로 눈에 피로감을 덜어준다. 이 빛은 식물의 광합성과 잎의 형성을 촉진하는 청색·녹색·적색의 파장을 모두 표출하고, 태양광과 유사함을 나타내는 95연색평가지수(Ra) 제품으로서, 실내 조명으로도 활용이 가능하다.

식물 수량이 적은 가정에 적합한 AUF30(일명 UFO식물등)은 식물집사 사이에서 주목받고 있는 제품이다. 시중에 흔히 판매되는 제품의 소비전력이 15W인데, AUF30은 30W로 밝으면서 빛의 확산 범위도 넓으며, 무게도 200g으로 가볍다. 식물 조명의 특성상 8시간 이상 사용해야 하기 때문에 전기료 우려가 있으나, AUF30은 에너지 소비효율 1등급 제품이다.[1] 사용자 사이에서 이 제품은 "무늬가 잘 구워진다", "신엽 올라오는 속도가 빠르다" 등의 반응을 보이며 더욱 사랑받고 있다.

1) 에너지 소비효율 등급은 1~5등급으로 구성된다. 1등급에 가까운 제품일수록 전기요금이 저렴하다. 1등급은 5등급 대비 약 30~40%의 에너지를 절감할 수 있다.

System/Environment

벽면에 식물을 입히는 기술

벽면 녹화(그린월) 방식에는 등반 식물이 자생적으로 혹은 와이어, 메시 같은 등반 보조재의 도움을 받아 벽면을 피복하는 방법과 플랜터를 이용해 피복하는 것이 있다. 그중 후자가 상대적으로 디자인 활용도가 우수해 그린월에 많이 적용된다. 이번 장에서는 조경 기술회사 나아바와 한설그린을 통해 플랜터를 활용한 벽면 녹화 기술을 살펴본다.

-

글 공수연

그린월이 주는 효과

그린월의 가장 큰 장점은 벽면을 효율적으로 활용해 녹지 면적을 확보한다는 점이다. 다시 말해 조경을 위한 추가 공간을 마련할 필요가 없다. 그린월을 실내에 조성할 경우 실외보다 계절에 따른 제약도 덜하다. 플랜터 방식을 적용한다면 거의 모든 실내 식물을 심을 수 있다. 다만, 실내 환경이 제각각이기 때문에 초기 조성 시 다량의 수종을 식재하고 이후 현장에서 적응하는 수종을 파악해 그것으로 교체하는 것이 좋다. 플랜터에 식물을 심는 덕에 교체도 용이하다. 그린월은 픽셀아트를 하듯 플랜터를 하나의 픽셀로 여기고 식물 색을 달리해 문양이나 글자를 표현할 수도 있다.

나아바의 스마트그린월

스마트그린월 브랜드 나아바NAAVA는 호흡기 질환을 앓던 핀란드 교사가 설립했다. 나아바는 북반구 청정지역에서만 자라는 이끼 이름이기도 하다. 브랜드 명칭과 설립 배경에서 유추할 수 있듯, 나아바의 스마트그린월은 식물을 통해 실내 공기질을 개선하고자 한다.

나아바는 제품의 공기정화 능력을 극대화하기 위해 바이오필터를 적용했다. 바이오필터란 포트, 공기정화 식물, 뿌리 미생물, 다공성 무기 성장 배지가 합쳐진 것을 뜻한다. 다공성 무기 성장 배지는 흙 대체재로 나아바가 독자 개발했다. 자연에서 유래한 무기물로 만들고 무균 상태이다. 따라서 흙으로 인한 해충이나 알레르기 등을 방지한다. 이 배지는 다공성 구조로 통기가 잘될 뿐만 아니라 오염된 공기와 뿌리 미생물이 서로 접촉하도록 한다. 나사 연구에 따르면 공기정화는 잎이 아닌 뿌리에서 98%가 이뤄진다. 스마트그린월은 배지의 뿌리 미생물과 식물 뿌리를 통해 공기를 흡착 및 정화를 할 수 있다. 여기에 식물이 공기정화 능력을 갖췄다면 제품 한 대로 공기정화 식물 약 4000개에 맞먹는 효과를 낸다. 이렇게 정화된 공기는 기기 상단부의 팬을 통해 실내로 공급된다. 성능 테스트 결과, 휘발성 유기화합물(VOC)은 1회 공기 흐름당 평균 57% 이상 지속 제거되고, 미세먼지는 평균 25%씩 지속 제거된다.

스마트그린월은 벽면에 고정 없이 칸막이 벽처럼 독립적으로 세워둘 수 있다. 제품은 크게 네 가지로 나뉜다. 나아바 원은 1000×2097×294mm 크기에 한 면에만 식물이 있는 기본 모델이다. 양면에 식물이 있으면 '듀오', 높이가 1373mm로 낮으면 '플로우'를 이름에 붙여 구분한다. 식재된 식물은 나사가 선정한 공기정화 식물 중 인체에 무해한 것들이다. 스킨답서스, 드라세나 콤팩타, 레몬서프라이즈, 크루시아, 미니홍콩야자, 무늬홍콩야자, 안스리움이 이에 해당한다.

관리는 인공지능 시스템을 통해 편리하게 이뤄진다. 제품에 장착된 센서가 실내의 온습도 환경을 측정하면, 인공지능이 데이터를 실외 기상 위성 정보와 결합해 분석한다. 따라서 관수, 조도, 공기 순환 조절은 환경에 최적화된 모드로 작동된다. 이 모든 정보는 나아바 서버를 통해 취합되어 원격 관리가 가능하며, 전문 서비스 매니저의 정기 방문 관리를 통해 나아바의 스마트그린월이 항상 싱그러운 모습으로 실내 공기를 정화하도록 돕는다.

1 나아바 듀오 설치 모습.

1 나아바 플로우 듀오 설치 모습.
2 한설그린의 월그린포트 설치 모습.
3 한설그린의 월그린포트 관수 방법.
4 한설그린의 월그린포트 구성.

한설그린의 월그린포트

한설그린은 2017년 대한민국특허청으로부터 월그린포트의 벽면 녹화 시스템을 인정받았다. 월그린포트가 특허를 받기 이전에는 등반 보조재나 '식생포트' 같은 장치로 벽면을 녹화했다. 이 장치들은 지반에 매립하는 형태로 토양을 해칠 뿐만 아니라 적용 범위에도 제약이 있었다. 월그린포트는 제품을 벽면에 고정하는 방법으로 위와 같은 문제를 해결한다.

구성품은 벽체 고정틀, 포트 걸개망, 포트, 관수설비, 더블스킨 등이다. 벽체 고정틀의 기본형은 1000×2000mm, 하프형은 500×2000mm이다. 여기에 브라켓으로 포트 걸개망을 고정한다. 포트는 슬롯 포트, 물막이 캡, 포트 케이스가 결합해 있다. 전방으로 경사지게 설치하며 1m²당 30개가 필요하다. 제일 상단에 있는 포트 열에는 급수구가 있다. 급수는 점적 관수로 포트 밑면에 물을 저장한다. 이때 물이 포트의 관수 수용량을 넘어서면 배수 구멍을 타고 그 아래에 있는 포트에 채워진다. 급수 컨트롤러가 있기 때문에 계절 단위로 관수량을 설정할 수 있으며, 포트에서의 배수량과 속도는 물막이 캡을 통해 조절한다. 포트 전면의 조형물, 사이니지, 조명, 낙수대 등은 더블스킨에 설치한다. 이를 이용하면 조경에 다양한 디자인을 결합해 연출할 수 있다.

월그린포트에 적합한 식물은 초화류와 관목류이다. 식물을 슬롯 포트에 3개월 정도 먼저 재배한 후 포트 케이스, 물막이 캡을 결합한다. 한설그린은 생육 환경, 개화 시기, 색상 등의 조건별로 수종 검증 실험을 하고 주요 식물 25종을 선별했다. 그중에서도 조건과 관계없이 적응을 잘하는 식물은 눈향, 관중, 삼색조팝, 황금조팝, 수호초, 철쭉, 수국 등이다.

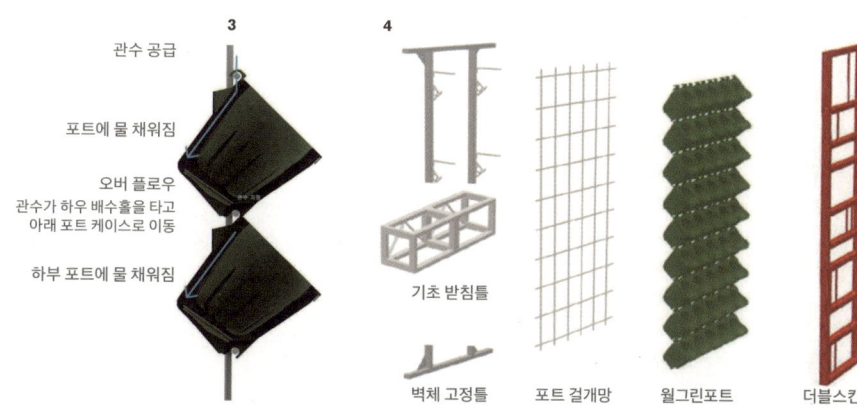

Interview

사막 속
열대 오아시스를
구현한 기술들:

2020 두바이 엑스포
싱가포르관

엑스포는 미래에 대한 비전과 함께 첨단 기술을 살펴보기 좋은 장이다. 2022년 3월 31일에 폐막된 2020 두바이 엑스포의 전체 주제는 '마음의 연결, 미래의 창조'로, 하부 주제는 '모빌리티', '기회', '지속가능성'이었다. 참가국은 세 개의 하부 주제 중 하나를 꼽아 전시관을 꾸렸다. 그중 2020 두바이 엑스포 싱가포르관(이하 싱가포르관)은 건축·조경·기술을 통합해 지속가능성을 표현했는데, 그동안 싱가포르가 친환경 분야에서 쌓아온 위상을 다시 한 번 확인할 수 있었다. 그 위상의 증거인 조경 기술을 세팔리 랄(WOHA 건축 디자이너)과의 인터뷰를 통해 알아보자.

―
인터뷰 공수연
인터뷰이 세팔리 랄 WOHA 건축 디자이너
사진 Marc Goodwin, Archmospheres(별도표기 외)

감씨(감): 2020 두바이 엑스포가 팬데믹의 여파로 1년 연기되면서 2022년 3월 말에 막을 내렸다. 여러 건물들 가운데 싱가포르관은 건축물 전체가 숲으로 뒤덮인 듯한 모습으로 눈길을 사로잡았다. 싱가포르관은 어떤 비전을 담고 있나?
-

세팔리 랄(세팔리): 싱가포르관의 비전은 '자연, 육성, 미래'로, 미래에 자연과 기술을 어떻게 통합해야 하는지를 선보인다. 또한 방문객이 자연의 풍요로움에 본능적으로 이끌리는 경험을 하기를 바랐다. 건물은 녹지로 가득 찬 모습이지만 우리의 비전은 디자인에만 국한되지 않았다. 사막에 조성되는 만큼 에너지와 물의 자급자족(넷제로)을 달성하면서 사막 속 열대 오아시스를 만들고자 했다. 건축과 자연의 공존은 건축물이 지속가능을 넘어 탄력적이고 재생적일 수도 있음을 일깨운다. 동시에 지속가능성과 관련한 분야에서 싱가포르의 혁신과 업적을 보여주기도 한다.

감: 내부에는 원뿔형 전시 공간이 세 개가 있고 경사로(캐노피 워크)가 전시장을 입체적으로 연결한다. 각 공간마다 전시 내용에 맞춰 조경 방식과 식물 등을 다르게 선보인 점이 흥미롭다.
-

세팔리: 건물에 들어서면 벽면에 화분이 매달려 있는 원뿔형 전시 공간들이 나타난다. 천 개 이상의 화분에 덩굴 식물을 심어 폭포 같은 효과를 냈다.
　전시장은 시티 콘city cone, 레인포레스트 콘rainforest cone, 플라워 콘flower cone으로 나뉘어 친환경 도시로서의 싱가포르를 다룬다. 시티 콘은 멀티미디어 전시를 통해 싱가포르가 지구온난화 시대에 어떻게 대처하고 있는지를 전달한다.
　레인포레스트 콘은 동남아시아의 열대우림에 와 있는 듯한 느낌을 준다. 열대우림을 모방하기 위해 수직 벽을 따라 토착 식물과 열대식물을 섞어 식재했다. 전시장 내 안개는 식물에 필요한 적정 습도를 유지할 뿐만 아니라 시각, 후각, 청각을 통해 전시 경험을 강화한다. 한편, 레인포레스트 콘에 설치한 키네틱 조각은 딥테로카르프dipterocarp(용뇌향과)의 씨앗이 움직이는 과정을 재현한다. 딥테로카르프는 동남아시아 열대우림에서 자라는 식물이며 이 조각은 토착 식물의 아름다움을 묘사함으로써 자연을 예술로 전시한다.
　플라워 콘에서는 싱가포르가 생태계 분야에 남긴 업적—난초 재배와 물 보존 사례를 소개한다. 싱가포르는 자국을 대표하는 꽃인 난초를 교배하는 기술이 뛰어나다. '난초 외교orchid diplomacy'라는 말이 있을 정도로 고위 인사를 맞이할 때 그 사람만을 위한 난초를 만들기도 한다. 이번 전시에는 그동안 싱가포르가 재배해 온 난초 중에서도 특별하고 희귀한 종을 선별했다. 테라리움 안에는 난초뿐만 아니라 난초 교배에 필요한 도구도 함께 놓았다. 난초는 물을 많이 필요로 해서 수분 유지용 젤을 사용하기도 했다. 관람객은 네 개의 테라리움을 통해 인간이 만든 자연의 아름다움과 예술 뒤에 가려진 과학을 감상한다.

1 전시장을 입체적으로 연결하는 경사로(캐노피 워크).

2 시티 콘의 멀티미디어 전시 중 일부.

감: 사막 한가운데에 조성한 넷제로 건물인 만큼 에너지 자급자족이 중요했다. 어떻게, 얼마나 에너지를 생산했고 또 에너지 소비를 줄였나? 이 과정에서 식물은 어떤 역할을 하나?
-

세팔리: 세계그린빌딩협의회World Green Building Council는 건축과 건설이 세계 탄소 배출량의 약 40%를 차지한다고 밝혔다. 이는 건물이 에너지를 취하고 방출하는 대신 환경을 위해 더 많은 일을 하고 돌려줘야 함을 뜻한다. 우리는 싱가포르관을 자연과 상호 연결된 시스템으로 여겼다. 6개월 운영 기간 동안에 필요한 전기에너지는 태양광발전으로 획득했다. 지붕에 설치한 태양광 패널은 반년 간 총 161MWh를 생산한다. 이는 동일한 기간 동안 싱가포르의 70개 표준 가구에 전력을 공급할 수 있는 양이다. 전자 제품과 조명 기구도 에너지 효율적인 제품을 사용해 에너지 사용을 최소화했다.

패시브 디자인을 통해 에너지 소비를 줄이기도 했다. 자연 환기와 자연 채광을 기본으로 하며 어두운 공간은 광덕트를 연결했다. 덕분에 식물을 위한 인공 조명의 필요성이 줄었다. 지상, 벽, 천장을 덮은 식물은 증산작용으로 주변 온도를 식힌다. 뿐만 아니라 에어컨 작동 대신 미스트를 분사해 실내 온도를 외부보다 6~10℃ 정도 낮췄다.

감: 실내 조경의 대표 기능 중 하나이다. 싱가포르관의 녹시율과 비교했을 때 공기정화 기능은 얼마나 우수한가? 또한 공기정화를 위해 특별히 선택한 식물도 있다면 알려 달라.
-

세팔리: 싱가포르관은 부지 면적에 비해 녹시율이 170%로 높다. 건물 내 모든 식물은 공기를 정화하지만 그중에서도 스킨답서스, 아레카야자, 관음죽 등이 공기정화에 탁월하다. 특히 쇠비름과에 속하는 식물은 낮과 밤을 가리지 않고 광합성을 하는 덕에 다른 식물에 비해 효과가 두 배이다.

좀 더 구체적인 분석은 환경 컨설턴트 기업 바이오시BioSEA와 협력했다. 결과를 살펴보면 싱가포르관은 연간 177g의 질소산화물 배출을 억제하는데 이는 유로5 디젤 차량으로 117km를 운전할 때 발생하는 양에 버금간다. 미세먼지(PM10)를 제거하는 수준은 2385m^2 면적의 두바이 숲과 비슷하다. 산소는 매년 150명에게 공급할 수 있는 양이 생성되고, 이산화탄소는 두바이와 싱가포르를 오가는 비행기 66편이 내보내는 양인 61톤을 정화한다.

1
레일을 따라 식물 정보를
수집하는 로봇.

2
레인포레스트 콘의 키네틱 조각.
토착 식물의 움직임을 묘사해
자연을 예술로 전시한다.

3
플라워 콘의 난초 테라리움.

감: 실내 조경을 관리할 때 빛과 물이 중요한데 싱가포르관에서는 이를 어떻게 해결했나?
-

세팔리: 사막이라는 위치를 고려하여 식물을 택할 때부터 물 수요가 적은 종 위주로 고르긴 했다. 그럼에도 필요한 물은 태양에너지와 역삼투막을 이용해 지하수를 담수화했다. 정원의 연못에는 수경 식물이 있어 물을 여과한다. 열대식물에 필요한 물 소비를 줄이기 위해서는 안개와 미스트 같은 장치를 이용해 습도를 높였다. 천장은 메시로 처리해 물방울이 고여 있다가 떨어지기도 한다.

빛의 경우 낮에는 자연 채광과 광덕트로, 저녁에는 인공 조명으로 해결했다. 인공 조명은 빛이 미치는 범위를 고려해 가장 효과적으로 배치하고, RGB를 식물의 야간 성장에 필요한 스펙트럼으로 맞췄다. 조명의 독특한 색 덕분에 건물은 밤에 색다른 모습으로 바뀐다.

감: 이번 싱가포르관에서 주목해야 할 부분은 디지털 생태계와 자연 생태계의 만남이었다. 특히 녹화된 벽면에 로봇이 레일을 따라 움직이는데 이 기계의 역할이 궁금하다.
-

세팔리: 로봇은 조경회사 샐러드 드레싱Salad Dressing과 오세아니아 로보틱스Oceania Robotics가 개발했다. 로봇에 장착된 카메라와 센서는 식물종 분포뿐만 아니라 식물 건강, 생장 환경 등과 관련한 정보를 수집하고 이를 바탕으로 녹화 벽면의 유지 관리가 이뤄진다.

감: 싱가포르관을 미래에 인간과 자연이 공존하기 위한 프로토타입으로 삼을 수 있다고 했다. 이것을 어떻게 기후와 지리가 다른 곳에서도 확장·적용할 수 있나?
-

세팔리: 싱가포르관은 탄력적이면서도 기능성이 높은 구조물을 어떻게 자연과 공존해서 지을 수 있는가를 보여주는 원형이다. 만일 이 건물을 다른 곳에 짓고자 한다면 날씨, 문화, 동식물 등을 고려해 변형하면 된다. 예를 들어 두바이보다 추운 나라에서는 겨울에 문을 닫고 열을 유지하도록 하는 식이다. 이와 같은 전략은 개별 건축을 넘어 도시, 전 지구 수준으로 확장될 수도 있다. 싱가포르관은 사막이라는 열악한 환경에서도 지어졌다. 이를 증거 삼아 이 프로토타입은 기후 및 생태 위기를 해결하는 방법으로 어디서든 적용 가능하다고 생각한다.

감: 그동안 싱가포르는 '친환경 도시국가'라는 명성에 걸맞게 건축에도 조경을 적극적으로 사용해 왔다. 현재 싱가포르의 실내 조경은 어떤 경향을 띠고 있으며 기술은 어디까지 발전했나?
-

세팔리: 현재 싱가포르는 가정에서 더 많은 녹지를 소유하려는 수요가 증가하고 있다. 실내 조경을 위해 식물 생장용 조명, 자동 관개 시스템과 같은 장비·기술 또한 성장 중이다. 한편 우리는 새로운 시스템들을 연결하고 통합하는 방식을 고민한다. 예를 들어 햇빛을 활용해 관개 시스템과 조명에 전력을 공급하고, 퇴비를 얻기 위해 식물 폐기물을 수집하는 방법 등이다.

세팔리 랄
WOHA의 건축 디자이너로, 2020 두바이 엑스포 싱가포르관의 개념 단계부터 완성에까지 참여했다. 마이애미 대학교에서 건축학 학사 학위를, 싱가포르 국립대학교에서 석사 학위를 받았다. 그녀는 싱가포르 국립대학교의 통합 디자인 과정의 객원교수이기도 했다.

Interview

상업 공간에서
식물이 살아가는 방식:
식물원K

플랜테리어라는 용어가 생겨날 만큼, 주거 공간뿐 아니라 상업 공간에서도 식물을 인테리어의 도구로 적극 활용하는 문화가 성행하고 있는 요즘. 그러나 과연 인테리어로서의 식물은 잘 관리되고 있는 것일까? 최근 식물 벽을 이용한 모습도 심심치 않게 볼 수 있지만, 이러한 유행이 휩쓸아치기 전부터 이를 연구하고 직접 설치, 관리해 온 카페가 있다. 식물원K는 생명으로서의 식물을 강조하며, 이에 대한 애정을 가지고 관리하는 방식에 대해 이야기하고 있다.

인터뷰 **박세미**
인터뷰이 **송웅호** 식물원K 대표
사진 **이수연**

감씨(감): 2013년 문을 연 식물원K는 식물 벽이 설치된 카페로, 30여 종의 식물을 다룬다. 카페는 어떻게 시작하게 됐나?
송웅호(송): 식물 벽을 설치한 국내 카페 중에서 식물원K가 제일 오래되었을 것이다. 식물 벽이 있는 카페는 외국에도 그리 많지 않다. 2008년 8월 완공 당시에는 나의 가정집이었고, 그때도 몇몇 식물은 있었다. 2005년부터 그린와이즈라는 이름으로 식물 벽을 상업화하는 일을 시작했는데 국내에서는 첫 시도인 것으로 알고 있다. 식물 벽은 초기 투자 비용이 많이 필요하기 때문에 주로 매장이나 사옥 등에 대형으로 설치되었다. 상업적인 환경 속에 식물을 두다 보니 관리가 잘 이뤄지지 않았다. 식물에 애정을 두고 관리가 이루어지는 게 아니기 때문이다. 식물을 처음 설치할 때는 예쁘게 조성되지만, 1년 뒤에는 망가져 있었다. 일을 진행할수록 이 일이 식물을 위한 일이 아닌 것 같았다. 그 이후 카페인 식물원K를 오픈했다.

감: 식물과 식물 벽을 다루게 된 계기는 무엇인가?
송: 1984년부터 2005년까지 21년간 회사생활을 했다. 회사는 이윤을 내기 위해 사람들이 모인 곳인데, 이윤이라는 하나의 목적을 가지고 소통하는 방식이 나와는 맞지 않았다. 회사생활을 몇십 년 지속하며 돈을 아무리 많이 벌어도 일이 사라지면 빈 껍데기가 될 거라는 막연한 두려움과 허망함도 있었다. 오랫동안 고민하다 퇴사를 결정했다. 물질적인 목적으로 모여 일을 할 수도 있지만, 서로 세세하게 감정을 나누고 공감할 수 있는 일이 나에게는 더 가치 있다고 판단했다.
　식물을 다루는 일은 탄생과 죽음, 즉 생명을 다루는 작업이기에 공감의 매개체가 될 수 있을 거라 생각했다. 식물을 벽면에다 키우는 아이디어는 2005년에 떠올렸다.

감: 식물원K의 벽에는 모종뿐 아니라 나무도 심겨져 있다. 식물 벽 모듈의 재료와 구성 방식이 궁금하다.
송: 초기 목업을 할 때부터 나무까지 키울 수 있도록 만들었다. 설치 구조도 직접 구축했는데, 사출 성형을 한다. 플라스틱의 일종인 폴리카보네이트로 케이스를 만들고 그 케이스에 구조를 거는 방식이다. 구조 안에는 스펀지가 있어 씨앗, 모종, 다 자란 식물, 나무까지 넣어서 키울 수 있다. 빛의 양은 식물 위에 달아 둔 등으로 조절한다. 밤이 되면 불을 켜는 식이다.

감: 식물원K는 식물을 대부분 경재배하고 있다. 이 방식을 채택한 이유는 무엇인가?

송: 우리는 물고기가 살고 있는 물을 사용하는 수경재배를 하고 있다. 이러한 방식을 미국에서는 아쿠아포닉스라고 부르는데, 보통 과일이나 상추 등 엽채류를 기르는 농법으로 쓰인다. 수경재배를 택한 이유는 두 가지다. 먼저 식물을 관리하기 편하다는 점이다. 수경재배를 하면 물과 식물만 관리하면 되는데, 사실상 사람은 물의 양과 온도만 조절하면 된다. 토양에서 키우면 식물의 무게도 고려해야 하고 벌레도 더 많이 꼬일 수 있다. 수경재배의 물은 벽면이나 기둥을 타고 내려가고 올라가며 끊임없이 순환한다. 필요한 양만큼 물이 내려와 식물에 공급된다. 수경재배의 방식도 물을 흘려 내보내는 방식과 물을 순환시키는 방식으로 구분되는데, 겨울이 되면 물이 얼기 때문에 순환시키는 방식을 택했다. 만약 드레인 사용이 가능하다면 물을 뿜어내는 방식도 고려할 수 있다. 이 방식이 관리가 더 수월하기도 하다.

감: 노지가 아닌 실내에서 식물 키울 때 특별히 고려해야 하는 지점이 있나?

송: 실내에서는 식물의 잎이 더 크게 자라기 때문에 실내에서 식물을 키우는 걸 어렵다고 느끼는 사람이 많다. 사실 잎은 자주 자를 필요가 없다. 벌레에 대한 걱정도 많은데, 식물 스스로 자신을 보호하기 위해 파스에 첨가하는 성분으로도 잘 알려진 살리실산이라는 식물호르몬을 내뿜는다. 진딧물이 생기면 약을 주려고 하는데 사실 진딧물은 식물만으로도 자연스레 없어진다. 그래서 우리는 약을 전혀 사용하지 않는다. 물과 관련해서도 식물의 뿌리는 물 주는 주기, 양에 맞춰 적응하기 때문에 웬만하면 죽지 않는다.

감: 실내도 카페, 베란다, 방과 같이 다양한 환경이 있기에, 이에 따른 관리법이 다를 것 같다.

송: 공간에 따라 관리하기보다는, 비가 오는 날인지, 흙이 유독 빨리 마르는지, 잎이 어느 정도 쳐졌는지를 관찰해 관리해야 한다. 식물 관리는 기계적으로 할 수 없다. 식물을 관찰하고 직접 키우다 보면 어느 순간에 서로 리듬이 맞는 순간이 온다.

감: 식물원K에 있는 30여 종의 식물 소개를 부탁한다.

송: 2008년부터 2010년까지 한창 식물원K 작업을 할 때는 식물 이름을 많이 외웠다. 하지만 카페를 운영할수록 이름을 까먹기도 했고, 이름을 외우는 게 의미가 없는 것 같았다. 고등학교 동창의 이름을 안다고 해서 그 친구에 대해 아는 것이 아닌 것처럼 말이다. 식물도 마찬가지다. 그 이후로 식물 이름을 자주 잊는다. (웃음)

 언급하고 싶은 식물로는 고사리가 있다. 이 공간 내에는 보스톤고사리와 넉줄고사리가 있다. 고사리는 줄기 번식을 하는데, 죽은 것처럼 보이다가도 살아나는 신비한 힘을 가지고 있다. 보통 고사리와 같은 초화류 식물은 기대 수명이 5년 정도이다. 그런데 여기에 있는 고사리는 10년을 넘게 살았다. 사람의 수명도 환경에 따라 달라지지 않나. 큰 나무가 자기 잎으로 고사리가 받아야 할 빛을 가리면 잠깐 죽어 있다가 나뭇잎이 떨어지면 다시 자라기 시작한다. 고사리의 복원력이 참 신기하다.

감: 특별히 좋아하는 식물은 무엇인가?

송: 돌나물과인 칼랑코에를 좋아한다. 철학자 괴테가 좋아했다고 알려져 '괴테 식물'이라고도 불린다. 꽃이 오래가는데, 죽을 때는 깔끔하게 죽는다. (웃음) 식물이 죽을 때는 안쓰럽게 변하는 과정을 거치는데, 칼랑코에처럼 깔끔하게 죽는 경우도 있다. 선물하기에도 좋다.

 좋아하는 또 하나의 식물은 찔레꽃이다. 가시가 많아 싫어하는 사람도 있다. 장미꽃과 찔레를 교배한 찔레장미도 있는데, 원예종과 야생종을 교배한 것이다. 양반과 노비 사이에서 태어난 아이처럼 신분을 뛰어넘었다. (웃음) 찔레장미는 찔레꽃보다 가시 양이 적고, 실내에서 꽃을 피우기도 한다.

감: 그린와이즈부터 식물원K까지 약 20년간 식물을 다루는 일을 하고 있는데, 식물과 어떠한 방식으로 교감하고 있는가?
송: 관계자들은 식물 벽 기술을 사용하면 식물을 간편히 키울 수 있다며 마법 같은 이야기를 한다. 사실은 그렇지 않다. 레옹이라는 고양이가 식물원K 주변에 자주 등장하는데, 고양이의 상태를 울음과 같은 신호로 알아채기도 한다. 식물도 아기 고양이와 비슷해 키우는 과정에서 차곡차곡 관계가 형성되고, 교감하게 된다. 식물원K를 운영하는 이유 중 하나도 식물, 물고기 등 생물과 상호 소통하며 상생하는 과정이 좋다고 느끼기 때문이다.

　손님 중에서도 식물의 미묘한 변화를 알아차리는 분들이 있다. 식물원K라는 공간에 애착을 가지고 변화에 대해 말해주는 사람들을 보면 뿌듯함을 느낀다. 카페에 식물을 두는 것과 조화를 두는 것의 차이는 바로 이 생명력에 있다고 생각한다. 또 대화를 나누지 않아도 초식동물과 같은 성향이 느껴지는 손님도 있다. 비슷한 성향인 사람이 모이면 내 마음이 편해지고, 이런 관계가 얽혀 또 다른 세계를 만들기도 한다. 상생의 세계를 계속 늘리는 꿈을 꾸며 일하고 있다.

감: 원격으로 온도, 습도 등을 조절해 사람의 품을 덜어주는 센싱 기술에 대한 생각도 궁금하다.
송: 전자공학을 전공했는데, 학부 당시 센서를 만들고 제어하는 기술이 오히려 사람들을 의존적으로 만들지 않을까 생각했다. 식물을 관리하기 편하니 기계에 모든 책임을 쥐어 주고, 기계만의 일이라고 생각하는 사람들도 생긴다. 기계에 모든 걸 맡기면 식물과 공감하기가 힘들어진다. 서로 바라보아야 감정의 교감이 생기기 때문이다. 식물 벽을 설치한 한 업체에서는 작업자가 콘센트를 뺐다가 몇천만 원의 식물이 우르르 다 죽어버리기도 했다. 이런 일이 비일비재하다.

감: 식물을 설치한 카페 공간이 유행처럼 생겨나고 있는데, 이러한 현상은 어떻게 바라보고 있나?
송: 최근의 카페들은 외관상 아름다운 식물만 가져다 두어 종을 한정적으로 다루는 것 같다. 앞서 말한 것처럼 누가 식물의 유지 관리를 맡을 것인가에 대한 문제도 있다. 대다수의 경우 직원이 관리의 주체가 되다 보니 식물에 대한 애착이 덜하고, 기계적으로 관리할 수밖에 없다. 그러다 보니 식물을 안정적으로 키우지 못한다. 식물이 죽으면 다른 식물로 교체하는 과정을 거치는 게 대부분이다. 생명으로서의 가치를 두고 식물을 다루면 좋겠다.

송웅호
실내 조경 업체 그린와이즈 대표. 삼성전자 반도체 연구소 선임연구원, 웅진코웨이개발 생활문화연구소 소장직을 거쳤다. 현재는 용인에서 카페 식물원K를 운영하며 식물과 고양이를 돌보고 커피 내리는 일을 맡고 있다.

3

INDUSTRY OF INDOOR LANDSCAPE

Interview

파종부터 판매까지,
노가든 답게

노은아 노가든 대표

보통 식물가게는 어떻게 운영될까? 도매 형태의 농장에서 식물을 수급해 와 판매하는 것이 일반적이겠지만, 직접 농장을 운영하며 식물을 파종하는 데서부터 판매까지 모든 과정을 일일이 통솔하는 곳도 있다. 바로 노가든이다. 특히 호주 식물을 중점적으로 생산·판매해 오며 자신의 취향과 소신을 단단하게 가꿔 왔다. 노가든의 노은아 대표에게 농장과 매장의 전반적인 운영 방식을 들어보았다.

감씨(감): 서촌에서 오랫동안 호주 식물을 판매해 왔고, 최근에는 서교동으로 매장을 이전했다. 노가든의 시작이 궁금하다.
노은아(노): 노가든은 2015년 말부터 영업을 시작해, 공식적으로는 2016년 3월 21일에 개점했다. 시작하게 된 이유는 간단하다. 내가 좋아하는 식물을 좋아해 주는 사람이 어딘가에 있지 않을까? 패션 잡지사에 재직하면서 사람들이 아름답다고 말하는 옷과 구두 같은 물건을 접할 일이 많았지만 아름다운 줄 몰랐다. 인테리어 잡지를 만들면서도 예쁘다고 하니까 예쁘다고 느끼는 건 아닐까 하는 의구심이 늘 들었다. 그러다가 잡지사 퇴직 후 식물을 키우게 됐는데, 자꾸 끌렸고 끌리다 보니 식물이 어떻게 사람의 마음을 움직이는지 궁금해졌다. 온갖 화훼 시장을 돌아다니며 시간을 보냈고, 그러다가 호주 식물을 만나게 됐다. 항상 꽃을 가까이 하고 싶었는데, 절화는 일주일이면 시들었다. 고속터미널 화훼 시장에서 사온 유칼립투스를 다듬다가 절화가 아닌 분화로 키운다면 오래 볼 수 있겠다는 생각이 들었고 관심을 가지게 되었다. 잡지사 편집장을 하면서 업체로부터 꽃을 받을 일이 많았는데, 그 꽃들을 오래 두고 보고 싶다는 마음이 늘 있었다. 그 마음이 씨앗이 된 것 같다.

감: 많은 식물 중에 호주 식물을 집중적으로 다루게 된 계기는 무엇인가?
노: 은빛을 뿜어내는 잎을 좋아한다. 호주 식물은 강한 일조량을 받고 자라는 식물이라 유칼립투스나 아카시아의 경우 잎에서 은빛이 돈다. 살면서 무언가에 마음을 사로잡힌 적이 별로 없었는데, 호주 식물들의 섬세한 이파리와 향기에 매료되었다. 노가든을 시작할 당시에는 한국에 유칼립투스를 키우는 농장이 별로 없었다. 부산 기장에 유칼립투스를 키우는 젊은 농부가 있다는 소식을 듣고 당일치기로 농가에 다녀올 만큼 깊고 빠르게 몰입했다. 다행히 마당이 있는 주택에 살고 있어서 호주 식물을 키우기 좋았고, 덕분에 본격적으로 빠져들었던 것 같다.

-
인터뷰 **박세미**
인터뷰이 **노은아** 노가든 대표
사진 **노은아**

감: **실내에서 식물 기르는 문화가 빠르게 성장했다. 노가든이 오픈할 당시 분위기는 어땠나?**
노: 가게를 연 지 얼마 되지 않았을 때 주말에 젊은 사람이 방문했다. 동행한 친구 한 명이 화분을 보면서 "이거 엄마들이나 좋아하는 건데 여기를 왜 들어왔냐"고 말했고, 친구는 겸연쩍어하며 엄마가 하나 사다 달라고 했다고 둘러대던 모습이 기억난다. 그 이후에도 비슷한 경험들이 몇 번 있었다. 당시에는 젊은 사람들에게 정적인 식물 문화가 다가가기 힘들겠다는 생각도 했다. 하지만 어느 순간부터 분위기가 반전됐다. 지금은 젊은 사람들이 자신들의 방이나 업무 공간 한쪽을 기꺼이 화분에게 내어준다. 전에는 부모님이 키우시는 베란다의 야생화 정도가 보편적 식물 문화였다면 지금은 방, 거실을 통째로 식물에게 할애하는 경우도 있고 작은 온실장을 두는 등 다양해졌다.

노가든 매장

감: 호주 자생지와 한국의 환경이 다르지 않나. 특히 실내에서 호주 식물을 키우기는 쉽지 않을 것 같다. 노가든은 매장을 방문하는 사람들에게 생육 환경을 확인하고 판매한다고 들었다.

노: 식물의 DNA는 불변의 요소라 환경이 다르면 적응하기가 쉽지 않다. 아무리 성장등, 가습기를 돌린다 해도 호주 야생 교목, 관목은 어렵다. 예를 들어 건조에 강한 선인장은 성장등과 서큘레이터 등으로 어느 정도 환경을 조성할 수 있다. 하지만 호주의 야생 관목은 통풍, 일조량, 수분이 삼위일체로, 그것도 매우 높은 수준으로 요구된다. 월동을 위해선 선룸$^{sun\ room}$이나 적어도 베란다가 있어야 한다. 때문에 원룸에 살면서 유칼립투스를 키우겠다든지, 확장 거실에서 아카시아를 키운다고 하면 판매가 어렵다. 작은 농장이지만 최대한 호주 식물에게 맞춰진 환경에서 자란 좋은 상태의 식물을 판매한다는 것을 기본 정책으로 삼는다. 내가 좌충우돌하면서 생육 노하우를 쌓은 것처럼 자신의 공간에서 식물에 좋은 환경을 연구하고 만들어 잘 키우기도 하고 나름의 노하우를 쌓으며 가드닝의 재미를 찾아가는 손님들도 있다. 그런 분들과 아이디어를 나눌 때 전에 몰랐던 희열이 있다.

내가 관리하는 식물은 엄밀히 말하면 실내 식물이 아닌 실외 식물$^{outdoor\ plant}$이다. 봄부터 가을까지는 계절의 흐름을 느낄 수 있는 공간이 필수다. 서울에서 호주 식물 키우기란 모순이고 무모한 도전이기도 하다. 혹한기, 혹서기를 거치며 최적의 환경을 만들어 주기 위해 고군분투하다 보면 한국의 호주 식물 전문 농가, 셀러로 남기란 계란으로 바위치기일까, 하는 생각도 든다. 소비자에게 호주 식물을 기르는 비법을 전수해야 하는 입장에서 우리나라 특히 중부지방은 어렵다. 갈수록 추워지고 건조해지는 겨울, 짧아지는 봄, 길어지는 여름은 고역이다. 특히 고온 다습하고 긴 장마 기간은 호주 식물에게 무척 취약하다. 소비자는 비법소스 제조법을 찾듯 정확한 식물 관리법을 요구한다. 우리도 흙, 온도, 통풍 등 다양한 조건을 테스트하며 방법을 찾는 중이다.

유칼립투스 폴리안

아카시아 글로콥테라

감: 매장과 농장을 동시 운영하고 있다. 그 이유와 운영 방식이 궁금하다.

노: 농장을 시작하게 된 것은 내가 원하는 식물을 찾을 수 없었기 때문이다. 매장에서 판매하는 식물은 외부에서 사입하는 것으로 충당이 되지만 내 마음이 원하는 식물을 기르기 위해서는 파종을 해야 했는데, 마당에서 시작했던 작은 농사가 점점 커졌다. 세밀하게 조율된 계획이 있었던 것이 아니라 마음을 따라간 결과다. 수입한 씨앗으로 파종을 하고, 나무가 되고 꽃이 피고 수정 후 열매를 맺으면서 이제는 채종이 가능해졌다. 해마다 이런 품종들이 늘고 있다. 12월 동안 이듬해 파종 리스트를 정리하고 1월 중순부터 파종을 시작하면 6월쯤엔 몇몇 소품으로 자라나지만 거기까지 이르지 못한 무수한 식물이 죽어나간다. 용케 잘 자란 것들은 가을쯤이면 지름 15cm 화분의 중품이 된다. 소, 중품 가운데 일부는 판매하고 일부는 더 묵혀서 대품으로 키운다.

감: 일반 식물가게에서는 도매 농장에서 가져온 가격에 순익을 붙여 파는 단순한 가격 책정이 이루어진다. 한편 파종부터 시작하는 노가든 시스템의 가격 책정법은 어떤가.

노: 대규모 농장에 비하면 세제 혜택이나 감면 등에서 불리하다. 가격 경쟁력이 없다는 의미다. 어차피 규모의 싸움으로는 승산이 없기 때문에 작은 포트 식물 하나라도 노가든답다, 라는 평가에 부합하려고 노력한다. 종종 양재 꽃시장의 가격과 비교하는 손님도 있지만 이제 익숙하다. (웃음)

감: 보통 식물 판매점은 몇 단계의 유통 과정을 거친다. 키워보지 못한 식물을 농장에서 가져와 쉽게 판매하다 보니 시장 상인의 관리법이 곧 소비자의 관리법이 되는 경우가 있다. 어떻게 생각하는가.

노: 맞다. 남편과 우스갯소리로, 일반 매장들처럼 유칼립투스와 아카시아가 실내에서 잘 자란다고 말하며 매장을 운영했다면 지금쯤 빌딩 한 채를 샀을 거라고 말한다. (웃음) 한창 매장이 붐비는 봄 시즌은 물론이고 여름엔 여름대로, 가을엔 가을대로 많은 사람을 돌려보냈다. 키우고자 하는 식물과 조건이 맞지 않았기 때문이다. 1, 2주일 안에 죽을 게 뻔하니까 손님들을 설득하고 설명하느라 목이 쉬었다. 처음엔 갸우뚱하던 분들도 나중엔 진의를 알고 단골이 된 경우도 많다.

감: 잘 모르지만 식물을 키울 때, 매뉴얼보다는 환경과 식물의 관계를 알고 그 감각을 깨우치는 것이 중요해 보이더라.

노: 맞다. 식물을 많이 기르고 죽여가며 가드닝의 무게감을 익히는 것이다. 사계절이나 상황에 따라 다르기 때문에 관리의 감이 필요하다. 작은 화분 하나에도 알아야 할 사항이 많다. 반양지, 일주일 한 번 물주기 등의 단순한 매뉴얼로는 식물을 잘 키우기 어렵다. 기본적인 지식 위에 본인만의 감을 키우는 게 중요하다.

감: 얼마 전 매장을 서촌에서 서교동으로 이전했다. 매장의 환경이 많이 달라지면서, 새롭게 보이는 부분도 있을 것 같다.

노: 확실히 손님들의 연령대가 젊어졌다는 것을 느낀다. 그게 가드닝 열풍 때문인지 아니면 서교동 부근이라는 지역적인 특성 때문인지는 좀 더 두고봐야 알겠다. 유흥의 메카인 서교동 한복판에 가드닝의 씨앗을 뿌리고 싶다는 열망이 있다. 아주 작은 시작이겠지만.

감: 원론적인 이야기이지만, 실내에서 키우는 식물이 주는 기쁨, 의미, 효용에 대한 생각도 듣고 싶다.

노: 식물을 가만히 들여다보면 경이롭고 신비롭다. 일주일 전 햇살 아래에서 보던 것과 이번 주의 햇살 아래에서 보는 모습이 다르고 관리하는 사람의 손길에 따라서도 달라진다. 그 경이로움이 무료한 일상을 흔들어 깨우는데, 요즘 실내로 들어온 화분과 식물은 미적인 성취에도 한몫하는 것 같다. 과거의 화분은 단지 식물을 담는 '그릇'에 불과했다. 요즘은 '옷'처럼 입히고 거기에 자신만의 아름다움을 투영하는 사람들이 늘었다. 나도 그중 한 사람일지 모르겠다. 그럼에도 '반려식물'이란 단어를 선호하지 않는다. 식물은 잘 자라기도 하지만 죽기도 한다. 실수든, 필연이든 식물이 죽는 건 있을 수 있는 일인데 '반려'라는 단어가 너무 무겁기 때문이다. 물론 식물이 무탈히 자라면서 성장곡선을 그려갈 때, 오후 햇살 속에 잠시 멈춰서 찰나의 감동에 젖을 때, 일상의 고달픔과 고된 노동을 잠시 잊는다. 급한 성격으로는 어디에도 뒤지지 않는 내가 그 모든 성급함을 가라앉히는 일을, 인력으로 서둘러도 되지 않는 일을 업으로 삼고 있는 것도 삶의 아이러니다. 식물이 아름다워 보살피고 있지만, 식물의 아름다움이 오히려 나를 보살펴준다고 느낄 때가 있다. 모두가 제각각의 삶을 살면서도 아름다운 것을 보았을 때 일어나는 마음의 동요, 감동은 비슷하지 않나. 식물은 섬 같았던 사람들의 취향과 성격, 배경을 모두 포용하고 소실점으로 모이게 하는 힘이 있는 것 같다.

노은아
서교동에 위치한 식물숍 '노가든'의 대표이자 초보 농부다. 잡지 《보그》, 《마리끌레르》, 《인스타일》에서 피처 에디터로 일했으며, 《메종》의 편집장을 지냈다.

Interview

티 나지 않는
조화 조경

정은애 송트리 대표

플랜테리어 인기에 힘입은 조화 시장의 성장 또한 눈여겨보지 않을 수 없다. 국내에 유통되는 조화는 대부분 수입산인데 그 수입 규모를 보면 2017년 약 334억 원에서 2021년 약 602억 원(4천3백만 달러)으로 5년 사이 50% 넘게 증가했음을 알 수 있다. 선택지가 다양하고 품질도 향상되고 있으니 이제 '조화 조경'이란 분야도 어엿하게 자리를 잡은 분위기다. 경기도 광주에서 조화 온·오프라인 매장을 운영하고 조화 조경 및 인테리어업을 하고 있는 송트리의 정은애 대표에게 앞으로의 전망을 물었다.

-
인터뷰 **윤솔희**
인터뷰이 **정은애** 송트리 대표
사진 **송트리**

감씨(감): 조화 조경이란 시장을 택한 계기가 궁금하다.
정은애(정): 계절에 상관없이 다양한 식물 연출이 가능해서 좋았다. 식재 면적이 작거나 식물을 키울 수 없는 환경이라도 얼마든지 조경 계획이 가능하지 않은가. 한겨울에도 꽃 장식을 할 수 있고 상상도 못한 곳에 아름드리 나무를 둘 수도 있다. 조경과를 졸업하고 10년 넘도록 살아있는 식물을 다루는 여러 조경 서비스 기업에서 일하며 느낀 생화 관리의 현실적 어려움과 한계 속에서 눈에 띈 대안이었다.

감: 어떠한 어려움을 보았던 것인가?
정: 현장에 식재한 식물이 죽었다고 연락을 받을 때 너무 속상했다. 클라이언트의 요청으로 구현한 것이지만 살아 숨쉬는 생명체를 그가 살아갈 수 없는 환경에 두고 죽게 하는 상황이 반복되니 일을 떠나 심적으로 힘들었다. 그래서 사업을 구상하는 시기에 자연스레 조화 조경 쪽으로 마음이 기울었다.

감: 당시 조화 조경은 어느 정도 시장성이 있었나?
정: 2015년 사업자등록을 할 때만 해도 조화 조경이란 단어가 생소할 정도로 시장 규모가 작았다. 모델하우스처럼 식물을 관리할 수 없는 공간에만 한정적으로 쓴 게 조화였으니까. 송트리가 본격적으로 플랜테리어에 출사표를 던진 2018년에도 "이제껏 조화 조경 전문 업체를 찾기 어려웠는데 참으로 반갑다"는 평이 자주 들렸다. 하지만 이제는 검색하면 전문가를 수두룩하게 찾아볼 수 있다.

감: 5년 사이 조화 시장이 크게 성장한 특별한 계기가 있었던 걸까?
정: 코로나19 확산 시기가 뚜렷한 성장 기점이 됐다. 자신이 머무르는 공간에 관심을 갖는 이가 늘었고, 그중 생화나 식물을 곁에 두고 보고 싶지만 관리에 어려움을 느끼는 분들이 조화나 인조 식물로 관심을 빠르게 옮겨갔다. 송트리가 시공한 현장을 보고 '이런 조화 식물을 개인 소비자도 살 수 있게 해달라'는 문의가 잦아 온라인 쇼핑몰을 몇 번 재정비할 정도였다. 또한 상업 공간이나 업무 공간의 인테리어 교체 주기 역시 SNS가 부추기는 최신 트렌드를 따라 더욱 단축되지 않았나. 사용자의 시선과 호감을 단번에 사로잡아야 하기 때문인데, 그런 측면에서 디자이너나 설계자가 마무리한

그 상태를 유지하는 조화 조경은 공간 관리자의 관심을 얻기에 충분하다고 본다. 조화를 활용한 플랜테리어의 확장세는 이제 초읽기에 들어갔다고 생각한다.

감: 프로젝트 의뢰는 어떤 방식으로 들어오나?
정: 인스타그램이나 핀터레스트, 유튜브 등을 통해 송트리의 포트폴리오를 확인하고 문의해 주는 분들이 대부분이다. 관공서, 카페, 기업, 상가, 쇼핑몰 등 다양한 범위에서 작업하고 있다.

감: 그들이 조화 조경을 바라는 이유는 무엇인가?
정: 아무래도 자연광이 닿지 않는 공간 한가운데나 가장자리처럼 식물의 생육 환경이 갖춰지지 않았거나 현실적으로 생화 관리가 어려운 조건에서도 드라마틱한 조경 연출이 필요한 경우가 많다. 적정 하중, 원활한 배수 등을 알기 위해 구조 설비 조건을 따져야 하는 생화 조경과 비교하면 시공이 간편하고 시공 기간 또한 짧아 효율적이다. 설계자 입장에서는 어떤 자재로 어떤 분위기를 표현할지에 더 오랜 시간을 쓸 수 있는 장점도 있다.

감: 프로젝트를 하나 설명해 준다면?
정: 현대프리미엄아울렛 송도점의 지상 1층 가든 테라스 월플랜트, 브리지의 가로수, 지하 1층 가든스퀘어의 조경 영역을 디자인했다. 그중 휴게 공간인 가든스퀘어를 설명하면 중대형 나무와 낮은 관목, 그라스를 비치한 유선형 화단 4곳을 설계했다. 땅 부분에는 자연스러운 마운딩 위로 프리저보드 이끼를 적용했고 벤치 기능을 하는 가구플랜터에는 톤 다운된 바이올렛 라벤더, 블루 라벤더를 식재하고 마사토와 이끼를 사용해 현실감을 살렸다. 가구와 조명 연출까지 어우러져 고객들이 잠시 머물렀다가 갈 수 있는 편안한 분위기가 완성됐다.

감: 빛과 물이 필요하지 않으니 장소의 제약이 없어진 느낌이다.
정: 물론이다. 거울이나 LED 스크린, 기둥처럼 어떠한 오브제와 맞닿게 표현해도 괜찮고 아예 옮겨 다닐 수 있는 플랜터로도 조경을 더할 수 있다. 내셔널지오그래픽 전 지점의 조경 연출을 맡았는데 작은 규모로는 집기 안에 비치하는 화분 하나까지도 인조 식물로 꾸며 매장에 사시사철 싱그러움을 표현했다.

감: 조화 조경에서 완성도를 높이는 노하우가 있다면?
정: 생화 조경 계획과도 접근법이 같을 텐데 전체적인 색감 조화나 덩어리감을 중시한다. 생화 연출에 사용하는 부자재를 써 현장감을 더하는 건 필수다. 생육 환경을 따지지 않아도 되니 어느 식물을 매칭해도 좋으나 그 환경을 고려해 어울리는 것끼리 두면 자연스러움은 배가 된다. 결국 인공물을 자연물처럼 표현하려는 것이 조화 조경의 목적이니까. 우리가 직영하는 카페 겸 편집숍 송트리 타임 콜라주 인테리어를 통해 계절별, 신상 제품별 효과적인 인테리어 팁을 보여주고 있으니 참고해 달라. 물론 '플랜테리어 송트리' 유튜브 채널을 통해서도 노하우를 알리고 있다.

감: 네이버 스마트스토어, 오늘의집을 통해 조화를 판매한다. 눈에 띄는 트렌드는?
정: 3~4년 전에는 극락조처럼 잎이 넓고 존재감이 뚜렷한 큰 나무가 강세였다. 한 그루만으로도 시선을 끌고 단번에 보태니컬 분위기를 낼 수 있어서다. 그때는 건너뛰는 날이 하루도 없을 정도로 매일같이 극락조를 포장했다. 요즘은 잎이 작고 목대가 가냘픈 나무가 유행이다. 있는 듯 없는 듯 공간에 스며들면서 주변 가구나 사물과 어우러지는 분위기를 선호한다. 특히 조화는 가지 방향이나 펼침 정도를 사용자가 조절할 수 있으니까 현장의 특성을 즉각 반영할 수 있다. 그런 맥락에서 명도가 높은 따뜻한 컬러의 갈대류나 행잉 식물의 인기도 좋다.

감: 조화는 주로 어느 나라에서 수입하는가?
정: 여느 재화처럼 아무래도 중국산이 큰 비중을 차지한다.

감: 송트리는 조화 완제품에 수작업을 더해 완성도를 끌어올린다고 알고 있다. 조금 자세히 들려 달라.
정: 완제품인 조화 잎을 떼내 실제 나뭇가지나 줄기에 붙이는 등의 작업을 선보인다. 아무래도 실제 자연물이 더해지면 리얼리티가 훨씬 업그레이드된다. 벌목한 나무를 실내 창고에서 오래 천천히 건조하며 해충 방지 작업과 수형 다듬기를 한 다음 가지에 인조 잎사귀를 한 땀 한 땀 붙이는 식이다. 공간에 나무를 배치하고 인테리어 톤과 주변 집기와의 관계를 보고 가지를 덧대거나 빼는 작업도 거친다. 모든 일이 그렇듯 신경을 많이 쓰고 손이 많이 갈수록 아름답다.

현대프리미엄아울렛 송도점 실내 공용부 조경. 드러난 얇은 목대와 초록잎 사이로 조명을 비춰 발랄함과 경쾌함을 전달한다.

감: 직접 조화를 디자인하기도 하는가?
정: 보통 수입처에서 완제품 샘플이 들어오면 수정할 부분을 전달하고 필요한 만큼을 주문한다. 특정 디자인이 필요할 때 커스텀 제작 의뢰를 하는 경우도 있으나 아무래도 한 공장의 전체 생산량을 소진할 만큼 주문량이 크지 않기에 전적으로 디자인을 의뢰하기란 아직 어렵다.

감: 좋은 상품을 고르기 위해 어떤 점을 중요하게 보는가?
정: 잎사귀의 색감과 질감, 잎맥의 사실감, 줄기와의 연결점 등을 자세히 보는 편이다. 그러한 작은 부분이 조악하면 뒤로 물러나 넓게 보아도 볼품없다.

감: 역으로 생화 조경을 추천하는 경우도 있는가?
정: 야외 공간일 때는 유지 관리 측면에서 생화가 더 유리하다고 생각한다. 조화의 잎사귀 소재는 대부분 PE, 나일론, PVC 등이라 햇빛에 장시간 노출되면 변색이나 변형이 잘 일어난다. 물론 조경을 관리하는 전담 부서가 있다면 주별로 상태를 점검하고 분기별로 교체하는 등의 관리를 통해 조금 더 안정적으로 유지할 수 있지만 이는 비용 증가로 이어지는 터라 쉬운 결정은 아니다. 그래서 개인적으로는 외부 조경에 조화를 추천하지 않는다.

감: 조화를 관리하는 방법은?
정: 주기적으로 가볍게 닦아주는 것이 가장 좋다. 닦을 때는 물티슈나 수분기가 있는 걸레보다는 정전기 청소포를 추천한다. 물기가 있으면 오히려 먼지가 잘 묻고 변색이 일어날 수 있다. 가벼운 바람으로 먼지를 날려주는 것도 방법이다.

감: 앞으로의 트렌드는 어떻게 변할까?
정: '자연 = 그린' 공식이 사라질 것이다. 요즘 인테리어 트렌드를 보면 화이트, 블랙, 그레이 등 시대를 풍미했던 무채색 공간에 다양한 색이 스며들기 시작했지 않나. 마찬가지로 그린에 맞춰진 플랜테리어에 다양한 색이 가미될 것이라고 본다. 자기 개성을 드러내는 캔버스로 공간을 보는 만큼 개성 있는 다양한 색상의 플랜테리어가 많아질 것 같다.

탑텐 북울산점 실내 공용부 조경. '그린포레스트'가 인테리어 콘셉트로, 공간 중앙을 비롯해 곳곳에 곡선형 플랜트를 설치했다.

정은애
플랜테리어 기업 송트리 대표다. 인공물인 조화를 다루지만 그를 통해 얻고자 하는 본질은
생화 조경과 같다고 믿는다. 즉 공간의 아름다움과 심리적 여유를 만드는 조경 디자인을
추구한다. 현대프리미엄아울렛 남양주·김포·송도점, 부산시청, NC 백화점, 더현대 서울
식품관, 오메가 팝업, 리바트 일곱 개 지점 등 다양한 규모와 범위에서 프로젝트를 수행했다.

Interview

더 특별한 식물, 이끼

박웅택 비오토프 갤러리 대표

선태식물에 속하는 이끼는 고목이나 바위에 서식한다. 즉 토양층이 없는 콘크리트나 돌 같은 무기물 표면에도 살 수 있다는 뜻이다. 3억 5천만 년 전 육지에 처음 출현할 때부터 뿌리란 기관 없이 환경에 적응해 온 까닭이다. 축축하고 어두운 곳에서 사는 탓에 늘 찬밥 신세를 면치 못하던 이끼가 요즘은 관상용 식물로 톡톡히 대접받고 있다. 박웅택 비오토프 갤러리 대표는 이끼 시장의 성장은 이제부터라고 말한다.

-
인터뷰 윤솔희
인터뷰이 **박웅택** 비오토프 갤러리 대표
사진 제공 **비오토프 갤러리**

감씨(감): 스스로 '이끼 공예를 하는 조경가'라고 소개한다. 언제 이 분야로 들어섰나?
박웅택(박): 이끼를 키우고 비바리움을 만드는 일은 초등학생 때부터 해오던 오랜 취미였다. 특히 살아있는 식물로 수조를 디자인한다는 게 정말 재미있었다. 대학교 재학 중이었던 2018년 먼저 이끼 공예 소품을 판매하는 편집숍 네임모스 스튜디오를 창업했고 졸업 후인 2020년에 사명을 비오토프 갤러리로 변경하며 식물공방 겸 조경회사로 업역을 넓혔다. 비오토프biotope 뜻처럼 자연과 유사한, 나아가 자연 그 자체 같은 작업을 선보이겠다는 뜻을 담았다.

감: 이끼 공예라, 독특하다.
박: 수조라는 소규모 단위 공간에 이끼 생태계를 손수 디자인하는 일이라 공예라는 단어가 붙은 것 같다. 더 흔하게는 플랜트스케이프plantscape라고도 한다. 나는 태초의 아름다움이나 포스트 아포칼립스, 그로테스크한 분위기를 좋아하는데 이끼에서 딱 그런 멋을 느낀다. 실제로 고생대에 최초로 육지에 상륙한 식물이 이끼 아닌가. 키우기 쉽지 않아 그 성취감이 크다는 매력도 한몫한다.

감: 비오토프 갤러리는 어떤 일을 하는가?
박: 식물과 관련된 모든 일을 한다. 현재는 실내·외 정원 설계 및 시공, 아티스트와의 협업, 게릴라 가드닝, 테라리움·비바리움·팔루다리움 제작, 이끼 연구 및 강연 등을 하고 있다. 또 작업 과정을 유튜브와 인스타그램에 게시하며 꾸준히 이끼를 비롯한 식물 정보를 알린다.

감: 테라리움, 비바리움, 팔루다리움은 각각 어떤 차이인가?
박: 테라리움이 그중 가장 상위 개념으로 지상이나 물가에서 생활하는 식물을 위한 수조 생태계를 총칭한다고 생각하면 된다. 수생식물을 사육하는 수족관과는 구분된다. 소동물을 키우는 육지 환경의 테라리움을 비바리움이라고 하며, 비바리움에 순환하는 물 시스템까지 있으면 팔루다리움이라고 한다. 정글 같은 습계 비바리움, 사막 같은 건계 비바리움 등 다양한 장르가 있다. 테라리움은 원예계에서, 비바리움과 팔루다리움은 일부 파충류 애호가가 즐기는 매니아 문화였는데 플랜테리어가 대중화되면서 자연스럽게 전반적인 관심도가 올라간 것 같다.

감: 대중의 달라진 호기심을 체감하나?
박: 사회적 거리두기 시기를 보내며 실내에서 할 수 있는 취미들이 각광받을 때 테라리움도 조명을 받았다. 전국적으로 관련 용품숍이 생겨났고 신제품 출시 소식이 잦아졌고 초보용, 전문가용 클래스도 다양하게 생겼다. 우리도 DIY 테라리움 키트를 판매하고 있는데 꾸준히 나간다. 특히 20~40대층이 많이 구매하는 편이다. 단순 취미로 즐길 수 있고 상품으로 고도화해 창업 아이템으로 삼을 수도 있으니 이목이 더 쏠리는 분위기다.

감: 또한 예술 작품이 되기도 한다. 2022년 7월에 선보인 전시 <ARTIFICIAL PLANT: CHIMERA>는 어떤 메시지를 담고 있나?
박: 인간이 만든 자연도 자연이라고 불리는 날이 올 수도 있겠다는 생각을 나누고 싶었다. 우리가 지구를 오염시켰지만 또 한편으로는 우리가 지구를 정화하려고 노력하고 있지 않나. 인간의 욕심이 만든 키메라, 점점 변해가는 현대 식물 문화, 식물을 향한 인간의 욕심과 애정 등 인간과 식물 그 관계에 대해 생각해볼 기회를 마련하고 싶었다.

감: 45×45×60cm 크기의 유리 수조에 테라리움을 만든다고 가정해보자. 어떤 과정을 거치나?
박: 우레탄폼, 유목, 돌, 탄화코르크 등을 활용해 지형 및 구조를 만드는 일이 첫 번째다. 이때 삽입할 유목을 이리저리 배치하며 전체적인 레이아웃을 함께 점검하는 게 좋다. 그다음으로 피트모스 같은 인공 흙을 실리콘으로 지형에 붙여 표면을 다듬는다. 동시에 유목, 돌 등을 붙이면 기반은 얼추 만들어진 것이다. 이제 식재다. 나는 흙을 거의 쓰지 않는 타입이라 활착성, 덩굴성이 뛰어난 식물을 매칭하는 것을 즐긴다. 지형에 이끼를 덧대고 유목 같은 소재 틈에 식물을 배치하며 전반적인 덩어리감을 매만지면 완성이다. 이끼나 식물이 활착하는 데에는 거의 한 달 정도 걸린다.

1
유목을 활용해 집 중정에 만든 이끼 정원.

2
작은 웅덩이를 품은 60×45×60cm의 팔루다리움.

3
<ARTIFICIAL PLANT; CHIMERA>에서 소개한 오브제. 자연물과 인공물을 혼합해 새로운 '인공식물-체'를 선보였다.

감: 수조 내 식물을 배치하는 노하우가 있는가?
박: 빛을 많이 받는 부분, 적게 받는 부분, (팔루다리움의 경우) 물과 가까운 부분, 물과 먼 부분 등을 파악해 각 환경에 맞는 이끼를 식재해야 한다. 예컨대 물이 직접 닿는 부분에 어울리는 이끼류는 미니삼각모스, 프리미엄모스, 벼슬봉황이끼 등이다. 물이 직접 닿지 않는 부분에는 비단이끼, 꼬리이끼, 구슬이끼, 넓은잎윤이끼, 가시이끼 등이 어울린다. 식물도 마찬가지다. 흙이 있고 습한 곳에는 라비시아, 호마로메나, 베고니아 등을, 흙이 별로 없으면서 이끼가 많고 습한 데에는 양치식물들, 예를 들어 산일엽초, 애기일엽초, 콩짜개덩굴 등을 매칭할 수 있다.

감: 테라리움 제작 시 무엇에 가장 신경을 많이 쓰는가?
박: 조명·온도·습도는 기본적으로 중요하게 생각하는데 환기와 물 순환을 많이들 간과하더라. 사람 사는 건축물과 똑같다. 주기적으로 수조 문을 열어 자연 환기를 하든 팬을 추가하든 맑은 공기를 불어넣어줘야 한다. 팔루다리움의 경우 물 순환이 중요하다. 수중펌프, 여과 시스템은 필수적으로 설치하고 일정 주기로 환수도 권장한다.

감: 건강한 이끼를 판별하는 법은?
박: 대체로 촘촘하고 빳빳한 느낌을 주고 습기가 약간 부족해도 녹색을 잘 유지한다면 건강한 상태다. '이끼 키우는 게 뭐 어렵겠어' 하고 생각하는 분들도 있겠지만 그건 정말 큰 오류다. 올해로 이끼를 키운 지 20년 차인 내게도 여전히 어려운 생물이다. 한국에만 300종이 넘는 이끼가 있다. 종류마다 생육 환경이 다르기에 여느 식물처럼 키우는 환경과 난이도가 다르다고 생각해야 한다.

감: 그런데도 초보자도 쉽게 테라리움 만들기에 도전할 수 있나?
박: 과거에는 특정 이끼나 식물을 얻기 위해, 또는 유목이나 자갈 등을 확보하기 위해 수족관, 파충류숍 등지로 발품을 팔거나 식물, 열대어, 수초 등 특정 커뮤니티에서 개인 거래를 해야 했지만 이제 시장이 있다. 현재는 온라인 쇼핑몰에서 간편하게 해볼 수 있는 DIY 키트부터 대부분의 식물과 장비를 구할 수 있다. 물론 온라인 커뮤니티에서 판매자가 부르는 게 값인 희귀 이끼나 식물도 있다. 나 역시 구하기 어려운 양치식물, 식충식물, 난초, 정글식물들은 키워드 알림을 걸어두고 늘 눈여겨보는 편이다.

감: 20년 차 이끼 전문가로 현재 국내 조경 문화를 보는 시선은?
박: 공간에 식물이 필수로 들어가는 시대인 만큼 식물을 대하는 공간 디자인 전문가의 책임의식도 커져야 할 때라고 생각한다. 그저 보이는 아름다움만을 위해 생육 환경이 갖춰지지 않은 곳에 식물을 배치하는 일은 없어져야 마땅하다. 조경 디자인의 근본은 식물의 생을 유지하는 일도 포함한다.

감: 꿈꾸는 목표가 있다면?
박: 내가 만든 테라리움에서 패션쇼를 열어보는 것.

박웅택
'삭'이라는 이름으로 이끼 연구, 강연을 비롯해 조경 디자인 등 식물 관련 다양한 활동을 하고 있다. 이끼의 예민한 생육 조건을 연구하고 이끼를 위한 아이템을 개발할 뿐만 아니라 유튜브 채널 '비오토프 갤러리'를 통해 한국에 부족한 이끼 관련 정보와 공예법을 알리고 있다.

Interview

공간을 바라보게 하는 식물에 대하여

정성규 TACT 공동대표

정성규는 공간 안에서 책장이나 선반, 계단과 바닥 등 식물이 놓이는 위치와 그 옆에 어떤 사물이 놓일 수 있는지를 고민하고 그 사례를 제안한다. 그는 "식물만 온전히 놓인 공간은 지양하고 싶었다"고 말한다. 식물을 통해 공간을 바라보는 방식에 관해 물어보았다.

감씨(감): TACT는 어떤 활동을 하는가?
정성규(정): TACT Things And Curated Things는 기획과 디자인을 도구로 사물을 실험하고자 '공간의 기호들'의 김기석과 함께 만든 그룹이다. TACT의 삼청동 스튜디오는 사무실로만 사용하다가, 내 식물과 김기석의 가구, 누군가 기획한 커트러리 혹은 화병들을 함께 보여주는 쇼룸으로 운영해왔다. 우리의 생산물을 소개하는 자리를 마련하고 싶기도 했고, 프로젝트 부산물을 궁금해하시거나 구매 여부를 문의하는 사람들도 있어서 올해 초부터 쇼룸으로 운영하게 됐다.

TACT의 팀원들은 커트러리, 가구, 식물 등 각자 자기 분야의 전문성을 갖고 있으며, 서로의 영역을 연결하며 그 관계를 탐구한다. 새롭게 이전한 안국동 스튜디오에서 이러한 '관계 탐구'에 관해 보여주려고 한다. 어떤 것을 구매할 때 공간 어디에 둘지 고민하게 되는데, 예시를 보여주면 좋겠다는 생각이 있었다. 예를 들면 식물을 공간에 놓으려고 할 때 단순히 보기 좋은 곳에 놓기보다는 책장이나 바닥 등의 구체적인 위치를 제안하고, 그 옆에 어떤 사물이 있을 것인가를 같이 고민해볼 수 있다. 안국동 스튜디오에서는 한 공간에 함께 존재하는 테이블, 의자, 책, 그리고 식물 간의 위치와 관계를 실험하고, 이를 알려주고자 한다.

-
인터뷰 **허보경**
인터뷰이 **정성규** TACT(Things And Curated Things) 공동대표
사진 **김주영**(별도표기 외)

감: 한 공간에서의 가구, 사물, 식물 간의 관계를 고민하게 된 계기가 궁금하다.
정: 첫 작업실은 잠자고 일하는 방이었다. 식물들이 공간의 60%를 차지했고, 방 안에 놓인 가구와 사물을 살펴보며 어떤 형태의 빈 공간을 찾을 수 있을지 고민했었다. 예를 들어 책꽂이의 책등 앞쪽을 꽉 채울 수도 있지만, 필요할 때만 책을 꺼내어 보기 때문에 책등 앞쪽은 비어 있는 공간이기도 하다. 그 공간을 식물이 채울 수 있으리라 생각했고, 가구와 사물, 식물이 어떻게 겹쳐질 수 있을지 그 관계를 생각하며 수형과 잎의 모습 등 전체적인 방향을 그리며 작업했다. 첫 작업실에서 많은 영향을 받았다.

감: 식물이 놓일 위치에 관해 먼저 고민하는가?
정: 처음부터 식물이 놓일 위치를 정해두고 가져오기도 하고, 그렇지 않기도 하다. 무조건 선반에 놓아야 하는 식물이 있는가 하면, 그렇지 않기도 하다. 높이에 따라 배치와 수형 작업의 가능성이 다양하기 때문이다. 높이를 수직적으로 보면서 책상 아래에 놓을 수 있는 것, 혹은 책상 위에 놓을 수 있는 것을 고민한다. 예를 들어 책상 위에 놓는다면 넓게 펼쳐지는 수형이나, 책상 비율에 따라 적정한 높이의 식물을 고른다.

또 다른 사례로는, 복층 계단에서 난간을 떼고 하강형 식물을 놓은 적이 있다. 계단 아래에서 식물의 뒷면이 보인다는 점, 해를 받을 때 잎이 투명해지는 모습이 좋았다. 하강형으로 만들려면 철사감기를 해서 가지를 천천히 구부리거나, 가지가 해 쪽으로 가게끔 하는 방법이 있다. 일반적으로는 높은 곳에 거는 방식을 취하는데, 아래에서 볼 때 너무 속살을 보는 것 같아 나는 다른 방법을 취하고 싶었다.

감: 식물 작업은 어떤 과정을 거치는가?
정: 시장에서 식물을 구매하는 일부터 시작이다. 시장은 사람들에게 많이 팔리는 대상을 위주로 생산하고 수입한다. 나는 시장 여기저기를 다니는 편이고, 어떤 날은 아무것도 사지 못하고 돌아오는 날도 있다. 몇 천 원짜리도 있기 때문에 나처럼 사지 못하는 경우는 없다. 그래서 상인들이 이상하게 볼 때도 있다.(웃음) 계절마다 시장에 가고, 한 곳에 자주 갔다면 다른 시장에 가보기도 한다.

어떤 식물은 가져오자마자 바로 작업해서 완료하는 경우가 있고, 어떤 건 시간이 오래 걸리기도 한다. 내가 원하는 조형이나 균형을 만들기 위해 일부러 가지나 잎을 잘라서 새로 나게 해보고, 잎의 크기도 조율해보며 완성한다. 어떤 건 완성하고도 다시 만들면서 끊임없이 실험한다. 어느 정도의 조형을 만들어 놓고 햇빛이나 식물 자체의 생장에 맡긴다. 어떨 때는 갑자기 죽기도 한다. 아무리 관리를 잘 해도 알 수 없는 이유 때문에 식물이 죽기도 하는데, 이러한 불예측성을 탐구해가며 작업한다. 구매부터 완성까지는 최소 2~3주가 걸리고, 가장 오래한 작업은 1년 넘은 것도 있다.

감: 2021년에 선보인 <Negative Lines>에서는 철 화분을 제작했는데, 일반적인 화분과 비율이 다르면서도 꼿꼿이 서있는 식물의 수형이 인상적이었다.

정: 많게는 식물과 화분의 높이를 5:1 정도의 비율로 작업할 때도 있는데, 기성품을 사용하면 화분이 쉽게 쓰러진다. 원하는 비율을 끌어올리면서, 성장보다는 지금의 모습을 최대한 오래 보는 게 내 작업의 포인트이다. 이러한 조건을 갖춘 화분을 기획하여 김기석과 함께 철 화분을 제작했다.

대부분의 사람들은 화분을 '식물이 담기는 공간', '식물이 크면 바꿔야 하는 공간' 정도로 생각한다. 나에게는 식물 작업을 완성하는 데 있어 화분 또한 중요한 요소이고, 따라서 화분의 형태와 성질, 모습, 식물과 맺는 관계를 고려하게 된다.

감: 2022년에 선보인 전시 <사각, 틈, 지붕과 이끼>에서는 이전과 어떤 변화가 있나?
정: <사각, 틈, 지붕과 이끼>는 TACT 사무실과 이웃인 도예작가 신다인과 함께 준비하고 만든 전시다. 철 화분이 내가 설계한 집이라면, 이번에는 신다인 작가가 설계한 집에 식물을 식재한 개념이다. 화분을 중점적으로 만드는 작가들과는 다르지만, 나는 신 작가의 작업도 화분이라고 생각했다. 신다인 작가가 먼저 조형을 한 후에 내가 어울리는 식물을 작업하고 식재했다.

감: 주로 작업의 대상으로 삼는 수종이 있는가?
정: 음지식물은 잘 하지 않지만, 그렇다고 햇빛을 필요로 하는 식물만을 다루지는 않는다. 반사광 정도에도 유지될 수 있는 식물을 주로 작업한다. 최근에는 동아시아 자생식물인 자귀나무와 동백나무 작업을 했고, 이처럼 우리 주변에서 흔히 볼 수 있는 식물을 대상으로 삼는다. 독특하고 생소한 식물을 수입해오기보다 우리 주변의 환경에서 자라온 식물의 새로운 면을 보여주고 싶기 때문이다.
　　예를 들면, 대부분의 사람들은 빨간색 또는 보라색 꽃이 핀 자귀나무를 떠올린다. 그러나 자귀나무는 밤이 되면 잎을 겹쳐 접고 낮에는 펼쳐 보이는 미모사와 같은 특징도 있다. 바람을 맞거나 흔들리면 잎이 움츠러들기도 한다. 또 다른 예로, 꽃 핀 동백나무에 관한 클리셰가 있지만, 사실 동백나무 꽃은 겨울에만 피고 나머지 계절 동안은 나무로만 있다. 나는 동백나무의 다른 모습도 보여주고 싶었다.

감: 조형보다 식물을 바라보는 새로운 관점을 제시해주고자 하는 것 같다.
정: 작년에 미니멀리즘 인테리어 추천 식물로 황칠나무가 인기 있었다. 수형을 변형할 때 몸살을 앓지도 않고 튼튼하며 건강한 식물이다. 이런 특징 때문에 가지를 스프링처럼 감아 수형을 인위적으로 만들어 판매하기도 하더라. 생산 속도도 빨랐고 가격대가 낮아 몬스테라 다음으로 인기 있는 품목이었다. 그러나 나는 이런 식의 조형은 원하지 않는다. 우리 시선 안에서 아름다울 수 있는 조형 언어를 만드는 일이 내 역할이라고 생각한다.

감: 공간을 새롭게 바라보는 장치로서 식물은 다른 사물과 어떤 차이가 있다고 생각하는지?
정: 단면이 계속 바뀐다. 잎이 새로 나거나 떨어지고 꽃이 피고지면서 단면의 변화들이 생긴다. 나는 '이 식물 정말 예쁘고 멋있다'고 생각하기보다, 살아있는 사물로서 공간에 어떻게 적용할 수 있을지, 혹은 식물을 통해 바라볼 수 있는 공간 환경을 고민하게 된다. 살아있어서 신비로운 존재, 공간을 다르게 접하게 해주는 존재라고 생각한다. 그리고 식물을 오래 키워야 한다고 생각하지는 않는다. 식물은 언젠가 죽고, 사물처럼 기능하기도 한다. <사각, 틈, 지붕과 이끼>에서 죽은 식물 작업을 선보였는데, 말라서 죽은 식물이었다. 생물학적으로는 죽었지만, 원예가로서 그 식물을 살아있는 존재라고 말할 수 있지 않을까?

감: 공간 환경에 관한 이해도 중요하다.
정: 그렇다. 공간의 주인은 자신의 공간에 대해 피부로 느끼고 이해하고 있어야 한다. 출근해서 집을 비우면 낮에 햇빛이 어떻게 얼만큼 들어오는지 잘 모른다. 계절이 변할 때와 생활 패턴에 따른 공간 환경의 변화를 잘 알고 있어야 한다. 공간 환경의 조건을 식물에게 맞추면, 공간의 주인에게도 좋다.

감: 플랜테리어를 위한 희귀식물 키우기나 반려식물과 같은 트렌드에 관한 생각을 듣고 싶다.
정: '입양', '플랜테리어', '분재' 등의 단어로부터 어떻게 소비할 것인지에 대한 이미지가 연상되기 때문에 나는 이런 단어를 사용할 때 고민을 많이 하는 편이다.
　　그러나 시장이 확대되는 일은 좋다고 생각한다. 실내 식물에 대한 선호도가 높아지는 현상은 좋은 일이고, 이런 식으로 폭발하면 더욱 기회가 많아질 것 같다.

정성규
건축을 중심으로 시각예술과 디자인의 전시기획 및 연구를 하고 있으며, 꽃과 잎에 집중하기보다는 구조, 균형과 부조화를 이루는 선들의 조형에 초점을 맞춘 원예가이기도 하다. 기획과 디자인을 도구로 사물을 실험하는 TACT로 그룹 활동(2020~)과 글과 사물, 공간에 담긴 건축적 형식을 탐구하는 기획 집단 CAC의 멤버 활동(2021~)을 하고 있다.

Interview

자산으로서의 식물, 식테크

박선호 유튜버

돈을 벌어다주는 식물이 있다. 환경을 이롭게 하고 평온한 일상 회복에 도움을 준다는 낭만 너머에 짭짤한 투자 수단이자 쏠쏠한 돈벌이로 읽히는 식물 말이다. 키우는 데 특별한 장비가 필요하지도 않고 편하기로 소문난 온라인 C2C 플랫폼에 장이 선다고 하니 사람들의 관심이 모이는 건 시간문제. 잎 한 장에 10만 원부터 1천만 원을 호가한다는 그 세계를, 식테크(식물+재테크)란 신조어를 처음 사용한 박선호를 통해 엿봤다.

인터뷰 **윤솔희**
인터뷰이 **박선호** 유튜버

감씨(감): 식물 재배 관련 전문가 과정을 밟았거나 관련 산업에 종사한 경험이 있는가? 식테크 세계에 들어선 계기가 궁금하다.
박선호(박): 전혀 그렇지 않다. 대학 입시 학원을 운영하며 사무실에 화분 몇 개를 가꿨던 평범한 식집사였다. 학원에 있는 시간이 기니까 학생들과 내가 쉴 수 있는 공간을 가꾸려고 식물을 들이기 시작한 건데 볕이 좋아 잘 자라니 빠르게 흥미를 붙였다.

감: 언제 '식물이 돈이 된다'는 걸 알았나?
박: 2020년 초반 모든 수업이 비대면으로 바뀌고 덩달아 일이 많아지면서 식물을 돌볼 겨를이 없었다. 학원을 정리해야겠다고 생각하고 비교적 비싼 값에 구입했던 희귀식물부터 팔고자 시세를 알아봤는데 호가가 껑충 뛰었더라. 2019년 90만 원에 산 옐로우 몬스테라가 270만 원까지 거래된 이력이 있었다. 이렇게 값이 될 줄은 몰랐다. 내가 샀을 때는 몬스테라 유행이 지났다고 시장에 매물이 많은 때였으니까. 그러다가 코로나19 확산으로 식물 키우기가 인기 취미로 뜨고 온라인상에 번졌던 MZ세대의 재테크 열풍을 타고 희귀식물은 금방 '부르는게 값'인 자산이 됐다.

감: 호가는 어떻게 형성되는가?
박: 씨앗, 줄기, 삽수 등 개체별 증식 가능한 단위부터 거래가 되는 편이며 잎의 무늬나 모양, 또 해당 시기의 수요량에 따라 시세가 정해진다. 등락률은 제각각이다. 나는 2020년 여름에 몬스테라 아단소니를 잎 한 장당 70만 원에 구매한 적이 있는데 그해 12월 150만 원까지 치솟는 걸 봤다. 그러다가 1년 만에 10만 원선으로 푹 주저앉더라.

감: 식테크 대표주자로 몬스테라 알보를 꼽던데 이유는 무엇인가? 출간한 책 제목도 『몬스테라 알보로 시작하는 식테크의 모든 것』이다.
박: 쉽게 말해서 우량주다. 수요와 공급 균형이 안정적이고 거래량이 많으니 시세 형성이 가능하다. 온습도 변화에 예민하지 않아서 집에서 키우나 농장에서 키우나 품질에 차이가 없었고 무엇보다 삽목번식만 가능해 대량생산이 어렵다. 반대로 대량생산이 가능하다는 건 언젠가는 시장의 늘어난 수요를 누군가가 따라잡을 수 있다는 말로, 이는 식테크 관점에서는 리스크다.

국내 식테크 시장의 우량주라고 불리는 몬스테라 알보. 하양, 노랑, 도트 등 잎 무늬에 따라 잎 1장당 50만 원에서 1천만 원을 호가한다.

감: 주로 어떤 방식으로 거래가 이뤄지나?
박: 상품의 특성상 당근마켓, 중고나라, 식물 커뮤니티 게시판에 정보가 모인다. 그렇다 보니 사업자등록을 하지 않고 활동하는 개인 셀러가 많은 편인데 엄연한 불법이다. 그래서 나는 이 일을 전문적으로 하겠다는 사람이 있으면 사업자 등록부터 하라고 거듭 말해준다. 식물 사업은 농업 분야 작물재배업에 속해 수입금액 10억 원까지 비과세에 해당한다. 이 정도면 다른 산업에 비해 유리한 출발선 아닌가. 음지의 양지화야말로 식물시장에 시급한 양분이라고 생각한다.

감: 이 분야를 알기 위해 개인적으로 어떤 노력을 했는지 궁금하다.
박: 시장의 흐름을 읽어내는 눈은 투자자에게 당연한 덕목일 테고 나는 투명한 정보 공개를 꼽고 싶다. 보니까 식물시장은 정보 비대칭 문제가 고질적이다. 정보를 가진 공급자가 정보를 갖지 않은 수요자를 속이기 너무 쉬운 구조이다. 그래서 나는 정면돌파하듯 식테크에 임했다. 모든 일에 앞서 사업자등록증을 냈고 스마트스토어를 열어 상품가를 공개했다. 학원업을 한 구력이 있으니 얻은 정보를 공유하고자 유튜브 채널을 열고 책도 썼다. 사실 이렇게 공공연하게 식물을 재테크 관점으로 말하는 이가 이전까지 없었던지라 업계에서 비난의 대상이 된 적도 있다. 하지만 꼭 필요한 변화구였다는 생각에는 지금도 변함이 없다.

감: 식테크 관점으로 앞으로의 식물시장을 전망한다면?
박: 팬데믹에 탄력을 받아 성장한 식물 매니아층 확장세는 다가오는 '엔데믹' 분위기에 주춤하고 있는 상태다. 다만, 재테크 목적으로 식물을 키우는 층이 꾸준히 늘고 있어 시장이 유지되고 있다. 이 규모가 축소될 지 또는 플랜테리어 영향을 입어 확장될지 판단하기에는 아직 섣부르지만 분명한 건 식테크는 사라지지 않는다는 것. 주류 문화는 아닐지언정 17세기 네덜란드 튤립 투기부터 국내 희귀 다육이 파동, 난초 파동 등 사실 식물을 투자로 보는 시각은 늘 있었다. 이제 다음 단계는 보편화된 기술력에 힘입은 상향평준화 아닐까.

감: 조금 더 자세히 설명해달라.
박: 관리하는 식물 규모가 일정 수준을 넘어서면 개인으로서는 공간적·시간적 제약이 생기는데 그 한도가 커지고 있다는 뜻이다. 적정 온도 정보부터 돌봄 계획까지 세워주는 식물 관리 앱, 효율적인 장비와 저렴한 가구들을 온라인 검색 한번이면 바로 손에 쥘 수 있는 시대이니까. 이미 온라인 커뮤니티에서는 조명, 공기 순환기, 양액 순환기, 물 순환기까지 삽입한 커스텀 식물장을 팔기도, 서로 설계도를 공유하기도 한다. 이제 식물 키우기가 그리 어렵지 않은 놀이가 된 셈이니 유입층은 계속 늘 것이다. 특히 식테크 대상이 되는 희귀식물은 키우기가 까다로운 편인데 그 생장에 영향을 주는 요인들을 제어할 수 있는 기술이 보편화되는 것이니 누구든 더 쉽게 접근할 수 있으리라 예상한다.

감: 넓게 보면 집이나 사무실 등 건축 트렌드에도 영향을 미칠 수 있겠다.
박: 식물 매니아들의 로망이 전원주택에 붙어 있는 유리 온실에서의 삶일 정도로 결국 취미 생활의 끝은 집과 취미의 일체인 것 같다. 그러나 그 꿈을 누구나 단숨에 이룰 수 없으니 그 취지를 흡수한 지점들이 공간의 셀링 포인트로 작용할 것이다. 아파트나 업무시설 광고에 '식집사를 위한 창문·천창·중정 등을 활용한 빛환경 특화 설계' 문구가 곧 등장하지 않을까. 나침판 기능과 건물 평면도 정보, 식물 관리 앱 서비스 등을 합쳐 공간 규모·실내 광량 등을 분석해 키우기 좋은 식물 추천 또는 화분 자리 추천 등을 하는 서비스도 나올 것 같다.

박선호
식물을 재테크 관점으로 읽어주는 유튜버이자 식물숍 더필플랜트 대표다. 2022년 4월 식테크란 주제어 아래 국내에서 처음으로 『몬스테라 알보로 시작하는 식테크의 모든 것』이란 책을 발간했다.

4

SUPPLEMENT

Supplement

맛있는 그린의 시대,
홈파밍의 진화

'이상 기온'이란 단어 뒤에 등장하는 표현은 대게 이렇다. "상추값 꿈틀", "곡물 가격 급등", "파프리카 가격 반토막", "고랭지배추 쑥대밭", "감자튀김 실종 사건." 이상 기온은 기상이변을 부르고 이변하는 자연은 보란듯이 신속하게 밥상 위 안정을 깨 버린다. 1500원 선을 오가던 파 한 단이 6500원까지 치솟고, 고깃집 상에 늘 오르던 상추가 자취를 감출 줄 누가 짐작했을까. 그러자 우리는 한쪽에 제쳐둔 본능을 꺼내 집 안에 차리기 시작했다. 바로 농사다. 대신 더 간편하게, 더 똑똑하게 말이다.

-
글 윤솔희

한국인이 사랑하는
홈파밍 인기 채소

코로나19로 인한 '집콕' 생활, 경기 침체, 고물가 시대가 홈파밍(Home Farming)을 불러왔다. 인테리어와 취미 개념으로 접근하는 홈가드닝과 달리 홈파밍은 먹을 수 있는 식물을 재배한다는 데에 특징이 있다. 그러니까 재배하는 재미를 넘어 먹는 데까지가 홈파밍의 목적이다. 그렇다면 홈파밍을 시작한 이들이 선호하는 모종에는 어떤 것들이 있을까. 2022년 8월 커머스 플랫폼 위메프는 전년 동기 대비 눈에 띈 증가세를 보이는 홈파밍 관련 항목으로 상추, 대파, 무, 고추 모종을 순위에 올렸다. 이외에도 루꼴라, 오이, 방울토마토, 딸기, 바질, 깻잎, 부추 등을 빅데이터 인사이트 플랫폼 썸트렌드에서 발표한 홈파밍 관련 검색어 지표로 확인할 수 있었다. 모두 한식이나 간단한 샐러드에 흔히 등장하는 재료들이다.

Supplement

식물생활가전의 선두주자
LG 틔운

1~2인 가구 소비자층을 정조준하며 식물생활가전 시장의 선두주자로 나서고 있는 LG전자의 LG 틔운은 2021년 10월 첫선을 보였다. LED 조명과 인버터 컴프레서로 빛과 온도를 조절하고 순환식 물 공급 시스템으로 양분을 준다. '거실 속 정원', '식물 생활 파트너'란 수식어에서 느껴지듯 이들은 식물과 함께하는 라이프스타일 장비로 제품을 포지셔닝하고 있다. 집 안 가구와 어울리는 디자인은 물론이고 관리법, 알림 기능 등을 제공하는 자사 앱을 통해 편리하게 재배하는 삶을 누리라고 말하면서 말이다. LG전자는 이듬해인 2022년 3월에 책상에 놓고 쓸 수 있는 LG 틔운 미니를 출시하고 8월 편의점과 협약을 맺고 단기 대여 서비스를 실시하는 등 제품 대중화에 힘을 쏟고 있다. 현재까지는 LG 틔운에 연계 상품으로 판매하는 자사 모종만 활용할 수 있다. 엽채류로는 로메인, 청경채, 케일, 쌈추, 겨자채, 비타민이 있고, 허브류로는 페퍼민트, 스피어민트, 타임, 루꼴라 등이 있다. 모종은 지속적으로 업데이트되고 있다.
Instagram @lgelectronics_kr

냉장고의 변신
삼성전자 비스포크 플랜트

삼성전자는 CES2020에서 비스포크 플랜트를 발표하며 식물 재배기 개발 소식을 알렸다. 첫인상은
냉장고의 변신이다. 이제껏 봐온 양문형 냉장고와 생김새가 같은데 대신 그 안이 모듈식 엽채류 플랜트로
이뤄져 있다. '비스포크' 라인이란 점에서 유추하면 LG 틔운처럼 독립적인 별개의 기기가 아니라 빌트인
가전으로 주방에 매립해 '가장 가까운 하나의 농장'으로 역할을 정했다고 볼 수 있겠다. 여전히 출시 소식은
들려오지 않지만 삼성전자가 오래전부터 첨단 기술을 활용한 먹거리 확보에 관심을 키워온 점을 생각해
보면 다른 형식으로도 우리 생활에 다가올 수 있으리라 기대가 된다. 예컨대 삼성전자는 2018년 작물
재배용 LED 조명 라인업을 개발한 후로 2019년 광합성 유효 발광효율을 업계 최고 수준으로 향상했다고
보도하기도 했다.
Instagram @samsungkorea

Supplement

씨앗 구독부터 전문 엔지니어의 관리까지
교원웰스 웰스팜

국내 가정용 식물 재배기의 선두주자였던 교원웰스. 2017년 출시한 수경재배 방식의 식물 재배기는 조도, 온도, 습도 등을 조절할 수 있는 기능성과 가전 대여라는 접근성으로 눈길을 모았다. 그리고 코로나19 대유행을 지나며 이들은 플랜테리어, 기능성 패키지 등의 키워드를 잡고 또 한 번의 성장점을 만들고 있다. 시대의 화두가 된 건강과 안전을 홈파밍과 연결지으면서 말이다. 웰스팜은 생활가전 대여 서비스로 특화해온 자사 특징을 십분 살려 전문 엔지니어의 모종 이식부터 성장 관리 서비스를 제공하고 '항암 건강', '숙면 힐링', '우리 아이 신선 이유식' 등의 테마별 기능성 채소 라인을 선보인다. 공간 상황에 따라 크기를 고를 수 있도록 가로, 세로 34.6cm의 미니부터 가로 46.4cm의 슬림, 가로 66.4cm의 와이드까지 출시하고 있다.
Instagram @wells_farm_rental

새 생명을 깨우는 오롯한 즐거움
씨드키퍼

씨드키퍼는 씨앗을 매개로 새로운 감각의 식물 경험을 디자인하는 브랜드이자 스튜디오이다. 소비자들은 작게는 손바닥만 한 제품부터 워크숍, 전시 등의 프로젝트까지 씨드키퍼란 이름으로 만날 수 있다. 만일 식물 재배를 위한 가전을 들이기 부담스럽다고 느낀다면 이들이 만든 씨앗키트를 먼저 만나보자. 가벼운 선물로 건네기 좋을 만큼 내용물의 메시지를 잘 전달하는 패키지 디자인과 꽃부터 차로 만들기 좋은 식물, 엽채류, 허브류까지 다양한 테마로 상품을 제안하고 있다. 일례로 씨앗파우치는 씨앗을 가꿀 수 있는 최소 단위인 씨앗, 압축 배양토, 종이 트레이로 구성한 아이템이다. 이들은 "씨앗이 발아하는 아름다운 순간을 누구나 경험할 수 있도록 개발했다"고 말하며 "경험이 전혀 없는 사람도 부담 없이 시작할 수 있을 것"이라고 소개한다. 동전 크기만 한 압축 배양토는 씨앗의 발아율을 높일 최적의 발아환경을 약속한다. 압축 배양토를 감싸고 있는 망은 흙 속에서 생분해되므로 싹이 나면 그대로 화분에 정식하면 된다.
Instagram @seed_keeper

흙 없이 단출한 수경재배
식물성

스마트팜 전문기업 엔씽의 브랜드인 식물성은 '지구와 화성 사이에 위치한 신선함의 별'을 뜻하며 엔씽의 새로운 기술, 제품, 콘텐츠를 대중에게 소개하는 메신저 역할을 자처하고 있다. 식물성에서 일찍이 선보인 아이템 네모미는 최전선에서 활약하는 대표 제품으로 손바닥 위의 농장이라 할 만큼 작고 간편한 수경재배 키트다. 엽채류(로메인, 버터헤드, 적상추, 청상추), 허브류(바질, 루꼴라, 타임, 파슬리), 과채/꽃류(방울토마토, 미니가지, 메리골드) 세 가지 테마로 종자를 구분하고 있으며 키트에는 프레임이 되는 본체와 스마트 소일, 수용성 영양제, 이름표 등이 있다. 네모미는 별도의 이식 없이 본체에 물만 보충하며 그대로 재배하면 된다. 유사한 키트로 식물생장 조명을 내장한 선반식 화분 식식가든도 있다.
Instagram @sikmulsung_official

작지만 간편한 흙농사
베란다레시피

베란다레시피는 사람과 자연을 건강하게 이어주는 라이프스타일을 제안하는 플레이버에서 전개하는 브랜드다. 베란다가 상징하는 도심에서 건강하게 사는 방법으로 홈파밍을 제안한다. 이들의 대표 상품은 한뼘텃밭세트. 앞서 소개한 사례에서 재배 가능한 채소가 서로 엇비슷해 아쉬웠다면 베란다레시피를 살펴보자. 대강 목록을 훑어만 봐도 감자, 쪽파, 귀리싹, 무순, 부추, 김장배추, 캣그라스까지 다양하다. 자사가 만든 특수 배양토를 쓰는 사례와 달리 베란다레시피 상품은 가드닝을 하듯 일반적인 마사토와 배양토를 사용하므로 재배 가능한 식물에 제약이 없다. 특히 이들은 "베란다텃밭이 경제적 이익을 위한 투자처가 아니라 사람과 자연이 건강하게 공생하는 소중한 생활 양식이자 무형의 재산"임을 말하며 손에 흙을 묻히고 직접 수확하는 즐거움을 느껴보라고 강조한다.
Instagram @verandarecipe

참고자료

단행본
- 오경아, 『정원생활자의 열두 달』, 궁리, 2018.
- 정수진, 『식물 저승사자』, 지콜론북, 2018.
- 식물집사라피, 『식물과 같이 살고 있습니다』, 21세기북스, 2021.
- 손기철, 『실내식물 사람을 살린다』, 중앙생활사, 2019

논문
- 최경옥, 「광원 및 광도에 따른 실내식물의 생육반응」, 『인간식물환경학회』, 2008. pp. 73-80.
- 한혜련, 이은정, 박원기, 「생태학적 개념을 도입한 실내조경 디자인에 관한 사례조사 연구」, 『한국생태환경건축학회지』, 2005. pp. 41-50.

기사
- 전지은, "'치유정원'은 어떻게 설계돼야 할까?', 『라펜트』, 2020.7.29.
- 이종석, '실내조경 총론: 실내조경의 발전배경과 의미 그리고 그 기능', 『조경생태시공』, 2012(68호).
- 김원기, '실내조경(Indoor Landscape)의 이해와 활용', 『건설기술 쌍용』, 71호. pp. 61-68.
- 김광진 외 7인, '알아주지는 않지만 무지 바쁜 실내식물이 하는 일', 『RDA 인터러뱅』, 2015.3.18(144호).
- 곽노필, '과포장된 '식물의 공기정화' 효과…발단은?', 『한겨레』, 2019.11.21.

법령
- 「서울특별시 건축 조례」

웹사이트
- 그랜트의 감성 https://www.youtube.com/c/grantparkgamsung
- 농림수산식품교육문화정보원 https://www.epis.or.kr/
- 농촌진흥청 국립원예특작과학원 https://www.nihhs.go.kr/
- 농촌진흥청 http://www.rda.go.kr/
- 농사로 https://www.nongsaro.go.kr/
- 심다 https://simda.kr/
- 플립 https://www.fuleaf.com/
- 전원속의 내집 https://uujj.co.kr/
- ScienceDirect https://www.sciencedirect.com/
- Garden culture magazine https://gardenculturemagazine.com/
- Artsy Pretty Plants https://artsyprettyplants.com/

건축재료 처방전

<감 매거진GARM Magazine>은 자신의 공간을 스스로 만들 수 있는
최소한의 방법을 안내합니다. 그 시작은 건축의 가장 작은 단위인
재료에 대한 고찰입니다.
'감'은 순우리말로 재료를 뜻합니다. 감의 씨앗인 '감씨garmSSI'는
감 매거진을 만드는 에잇애플8apple의 출판 브랜드로, 당신의 공간에
적합한 재료를 소개하고 더 나아가 개인의 창조력을 현실화하는
방법을 함께 논의합니다.